KB042098

동료들 뒷목 잡게 만드는 **나쁜** 프로그래밍 습관

저자 칼 비쳐 · **감수** 체임 크라우스 · **역자** 황현우

YoungJin.com Y.
영진닷컴

동료들 뒷목 잡게 만드는
나쁜 프로그래밍 습관

BAD PROGRAMMING PRACTICE 101

Original English language edition published by Apress, Inc. USA Copyright © 2018 by Apress.
Korean edition copyright © 2020 by Youngjin.com, Inc.
All rights reserved.
이 책의 한국어판 저작권은 대니홍 에이전시를 통해 저작권자와 독점 계약한 ㈜영진닷컴에 있습니다.
저작권법에 의해 한국 내에서 보호를 받는 저작물이므로 무단 전재와 무단 복제를 금합니다.

ISBN 978-89-314-6195-4

독자님의 의견을 받습니다
이 책을 구입한 독자님은 영진닷컴의 가장 중요한 비평가이자 조언가입니다. 저희 책의 장점과 문제점이 무엇인지, 어떤 책이 출판되기를 바라는지, 책을 더욱 알차게 꾸밀 수 있는 아이디어가 있으면 이메일, 또는 우편으로 연락주시기 바랍니다. 의견을 주실 때에는 책 제목 및 독자님의 성함과 연락처(전화번호나 이메일)를 꼭 남겨 주시기 바랍니다. 독자님의 의견에 대해 바로 답변을 드리고, 또 독자님의 의견을 다음 책에 충분히 반영하도록 늘 노력하겠습니다.

파본이나 잘못된 도서는 구입처에서 교환 및 환불해드립니다.

이메일 : support@youngjin.com
주 소 : 서울시 금천구 가산디지털2로 123 월드메르디앙벤처센터 2차 10층 1016호 (우)08505
등 록 : 2007. 4. 27. 제16-4189호

STAFF
저자 칼 비처 | **번역** 황현우 | **책임** 김태경 | **기획** 최윤정 |
표지 디자인 김소연 | **내지 디자인** 김효정 | **내지 편집** 김효정, 박지은 | **영업** 박준용, 임용수, 김도현 |
마케팅 이승희, 김근주, 조민영, 이은정, 김예진 | **제작** 황장협 | **인쇄** 예림인쇄

★

마크 파워스(Mark Powers),

스티브 앵글린(Steve Anglin) 편집자와

이 책이 나올 수 있도록 도와준 Apress의 다른 모든 분들에게

감사의 말을 전한다.

그리고 나의 아내 제니퍼의 사랑과 지원,

그리고 소중한 피드백에 언제나처럼 고마움을 전한다.

역자의 말

소프트웨어 개발은 최근 그 규모가 커지고 기술이 다양해지면서 한 명이 모든 것을 개발하기가 점차 어려워지고 있다. 또한 오픈소스 커뮤니티의 활동이 활발해지며 다수가 개발에 참여하는 환경으로 변화하고 있다. 다수가 투입되는 프로젝트에서는 내가 작성한 코드를 다른 사람이 이어서 개발할 가능성이 상당히 높다. 이는 다시 말해서 다른 사람이 작성한 코드를 내가 이어서 개발할 가능성도 역시 높다는 의미이다.

다수가 함께 일하는 협업을 위해서는 코드의 가독성을 높이는 작업이 중요하다. 가독성이 확보되어야 다른 개발자가 개발한 코드를 빠르게 파악할 수 있기에 신속한 개발 및 유지보수 등이 가능해진다. 가독성이 낮은 코드를 작성하면 코드는 점차 스파게티 코드가 되어 버리고, 시간이 조금만 지나도 어떤 코드인지 이해하는 것보다 새로 개발하는 편이 훨씬 더 나은 코드로 악화될 것이다.

역자도 프로젝트에서 동일한 경험을 많이 했다. 기존 코드에 생긴 버그를 1년째 수정하지 못하고 있어서 코드를 분석하는데 코드에 주석이 전혀 없고, 관련된 문서도 남아 있지 않으며 코드의 가독성은 매우 낮은 수준이었다. 결국에는 코드 분석에 드는 비용이 너무 높아서 비즈니스를 다시 분석/정의하고 새로 개발하게 되었다.

"성공하기를 원하는 사람은 시대의 흐름을 잘 읽고, 거기에 맞게 행동해야 한다."

– 니콜로 마키아벨리

현대의 개발은 협업의 시대이다. 시중에 나와 있는 제품들이 혼자 개발해서 출시되었다고 생각하는 사람들이 많을 것이다. 하지만 실제 코드들은 대부분 깃허브(GitHub)와 같은 오픈된 공간에 올리고 여러 사람들이 프로젝트에 남기는 코멘트와 컨트리뷰팅을 통해서 개발되고 발전되어 간다. 이렇듯 협업의 중요성이 강조되는 때에 기본기를 익히기 위해서 이 책은 좋은 대안이 될 것이다.

본 책에서는 코딩 시에 꼭 지켜야 할(?) 안티패턴들을 예제와 함께 재미있게 설명하고 있다. 예제는 Java 언어를 기반으로 하고 있지만 언어를 몰라도 이해하는 데에 어렵지 않은 내용들이다. 이 책에 있는 규칙들은 개발 시 협업하기 위한 기본적인 규칙을 거의 모두 담고 있다. 단순히 목차만 보더라도 협업 개발을 위한 기본적인 규칙은 숙지할 수 있지만 꼭 전체를 다 읽기를 권장한다. 그리고 이 책을 다 읽고 나서 객체지향에 대한 서적을 보고 객체지향 5개 규칙(SOLID)에 대해서 이해한다면 어느새 중급 개발자가 되어 있을 것이다.

이 책을 번역할 수 있는 기회를 주고 도움주신 영진닷컴 담당자님께 감사드린다. 함께 일하며 개발에 대해 많은 것을 깨우치게 해 준 인생 선배 김종일 프로와 다수의 프로젝트를 함께 수행하며 협업하기 좋은 코드를 작성하려면 어떻게 해야 할지 많은 영감을 준 직장 동료, 선후배님께 감사하다.

마지막으로 이 책을 번역하는 중에 태어난 둘째 딸 주하와 함께 놀아 주지 못한 첫째 딸 유하, 그리고 무거운 몸으로 힘든 상황에서도 나를 도와주고 아이들을 돌봐 준 와이프 미정님께 감사와 사랑을 전한다.

황현우

시작하기에 앞서

당신은 개발자이거나, 혹은 개발을 공부하고 있는 사람이다. 따라서 자신의 개발 기술을 발전시키길 원하며, 가능한 한 더 생산적이고 싶을 것이다.

당신은 프로젝트를 성공으로 이끌고 버그가 없는 코드를 원하는 동료들과 일하게 될 것이다. 그들은 당신이 작성한 코드를 살펴보고, 문지기처럼 당신의 코드를 수용하거나 혹은 받아들이지 않을 것이다. 당신의 동료는 당신의 코드가 만족스럽게 짜이길 바란다.

문제는 이 모든 것을 배우기 위해 어떻게 해야 하는가이다. 한 가지 방법은 최고의 개발 방식인지 무엇인지 읽고 그것을 당신의 일에 적용하는 것이다. 그러나 무엇이 가장 훌륭한 방법인가는 굉장히 정의하기 어려운 주제다.

개발의 세계에서 논쟁을 불러일으키는 가장 쉬운 방법 중 하나는 개발자 집단에 좋은 프로그래밍에 대해 물어보는 것이다. 경제학자에 대한 오래된 조롱처럼,[1] 세 명의 개발자에게 특정 주제에 대해 가장 좋은 방식을 물어보면, 세 가지 다른 답변을 얻게 될 것이다(그리고 그중 몇 명은 흥분해서 소리칠 것이다). 이런 질문들이 좋은 예시가 될 수 있겠다.

+ goto문의 사용을 허용해야 합니까?
+ 변수 이름을 짓는 데 가장 좋은 방법은 무엇입니까?
+ 서브루틴을 사용하는 데 어느 정도의 복잡도까지 허용해야 합니까?
+ 클래스를 정의하는 데 최대 몇 줄까지 허용해야 합니까?
+ 얼마나 많은 코드가 테스트되어야 합니까?

완벽한 세계에서는 이런 질문에 답변을 쉽게 찾을 수 있을지도 모르겠다. 하지만 캐리비안의 해적 시리즈를 5편이나 만드는 이 세계는 완벽함과는 거리가

---

[1] 다른 세 명의 경제학자에게 똑같은 질문을 한다면, 당신은 다른 세 가지 답변을 듣게 될 것이다.

멀다. 이런 질문들은 종종 여러 가지 요인에 따라 복잡한 답을 가지고 있다. 어떤 상황에서도 수용 가능한 해결책은 얼마든지 있을 수 있다. 하지만 모든 상황에 적용 가능한 한 가지의 최고의 방식은 찾기 힘들다.

이 책은 다른 접근 방식을 통해서 당신을 도우려고 한다. 나의 경험에 비추어 볼 때, 개발자들은 어떻게 개발하면 안 되는지에 대해서는 훨씬 더 쉽게 동의하는 경향이 있다. 예를 들어서, 아래의 질문을 개발자들에게 해 보자.

+ 단 하나의 주석도 없이 개발을 해도 됩니까?
+ 지역 변수보다 전역 변수를 선호해도 됩니까?
+ 포인터가 null인 경우, 이 값을 확인하지 않아도 됩니까?

당신은 이 세 가지 질문에 대한 답변에서 강력한 합의를 발견할 것이다. "아닙니다. 안돼요. 절대 안됩니다!"

개발의 세계에는 많은 나쁜 개발 방식이 존재한다. 그리고 이런 방식은 경험이 많은 개발자들이 분노로 얼굴이 붉어지거나, 땀에 흠뻑 젖은 채 두려움에 떨게 할 수 있다. 사실, 이런 반응을 불러일으킬 만한 코드를 경력 초반에 종종 작성하게 될 것이다. 개발자로서 당신의 개발 수준을 향상시키는 방법은 안 좋은 개발 방식이 무엇인지 익히고 이것을 피하는 것이다.

이 책은 프로그래밍 방법에 초점을 두지 않는다. 결국 최선의 방식이라는 것은 다양한 프로젝트에 따라 달라질 수 있기 때문이다. 게다가 프로그래밍이라는 분야는 계속해서 변화하고 있다. 새로운 방식이 발견되면, 기존의 기술도 함께 변화한다. 좋은 개발 방식 목록이라는 것은 오래가기 힘들다.

대신, 이 책은 어떻게 개발하면 안 되는지에 대해 다룬다. 여기에는 수십 년간 작성된 코드와 다양하게 시도된 방식들을 충분히 이용할 것이다. 다양한 경험과 연구를 바탕으로 어떤 것이 제대로 작동하지 않는지, 또 어떤 것을 일반적으로 피해야 하는지 보여 줄 것이다.

이 책에 기록된 나쁜 개발 방식을 피하면 더 낫고 생산적인 개발자가 될 수 있다. 결과적으로 무엇이 좋은 개발 방식인지에 대해서 진심으로 느낄 수 있게 될 것이다.

💬 집필 스타일에 대하여

이미 파악했을 수도 있겠지만, 이 책은 다소 가볍고 유머스러운 방식으로 작성되었다. 마치 독자가 실패하기를 바라는 것처럼 조언할 것이다. 마치 개발자가 모든 규칙을 무시하고 최악의 개발 방식을 따르는 것처럼, 혹은 개발자가 작성한 코드가 매일 같이 통과하지 못하거나 버그로 가득 찬 소프트웨어를 만들고 싶어 하는 것처럼 말이다. 나는 이것이 이 책을 더 재미있고 읽기 좋게 만든다고 생각한다.

가끔씩 멀쩡한 목소리가 등장해서 왜 그런 방식이 나쁜지에 대해서 설명하기도 할 것이다. 이는 전문 개발자들이 공통으로 합의한 내용이거나 실제에 기반한 연구를 바탕으로 한 것이다. 이런 정상적인 목소리가 필요한 어느 곳이라도 "주의하기!"라는 소제목으로 시작한다.

⚙️ 프로그래밍이란 무엇인가?

프로그래밍을 배우기 시작하는 나쁜 방법은 프로그래밍이 실제로 의미하는 바를 잘못 이해하는 것이다. 그러므로 나는 이 프로그래밍이라는 용어의 정의를 명확히 해 두겠다.

소프트웨어와 함께 10년(코딩을 배우는 데 잘못 소비한 유년 시절 포함) 이상 일을 하면서 나는 프로그래밍을 문제 해결 능력으로서 바라본다. 쉽게 말하면, 개발자는 A라는 출발점에서 문제를 정의하는 것으로 개발을 시작한다. 그리고 개발자가 해야 할 일은 목적 지점인 B까지 가는 경로를 찾아나가는 것인데, 이는 첫 단계에서 설정한 문제를 해결하는 소프트웨어 기반의 시스템을 만들어낸다.

출발점 A에서 목적지 B까지의 여정은 길 수도 있고, 매우 복잡한 단계를 포함할 수도 있다. 이 일의 본질은 프로그래밍을 어떻게 정의하느냐에 달려 있다. 이 책을 집필한 목적에 비추어볼 때, 나는 프로그래밍을 두 가지 형태로 구분한다.

- 좁은 의미의 프로그래밍: 이는 많은 사람들이 코딩이라고 부르는 것을 말한다. 이런 관점에서의 문제는 소프트웨어가 없거나 고장인 경우가 많다. 따라서 해결책은 이를 해결하는 코드를 작성하는 것이다.
- 넓은 의미의 프로그래밍: 코딩이 프로그래밍의 일부에 불과함을 이해하는 것이다. 완전하고, 고품질의, 사용자가 만족할 만한 해결책을 제공하는 것이다. 이는 코딩이라는 작업보다 훨씬 더 거대한 것으로, 요구 분석, 시스템 디자인, 수용성 테스트 등 다양한 활동을 포함한다. 그리고 개발팀뿐만 아니라 사용자와의 다양한 커뮤니케이션과 협업도 필요하다. 일반적으로 이것은 좋은 코드를 짜는 것 이상의 기술을 필요로 한다.

이 책은 좁은 의미의 프로그래밍에 초점을 맞춘다. 이것은 넓은 의미의 프로그래밍이 덜 중요하기 때문이 아니다. 이렇게 정한 것은 이 책이 타깃으로 하고 있는 독자 때문이다. 이 책의 예상 독자인 학생, 수습 혹은 신입 개발자는 주로 코딩과 관련된 일에 좀 더 집중하고 있으며, 더 넓은 의미의 프로그래밍으로 넘어가기 전에 이런 기술을 먼저 익혀야 하기 때문이다.

이 책 중간중간에 넓은 의미의 프로그래밍에 관한 내용들이 언급되기는 할 것이다. 특히 테스트 챕터에서는 순수 코딩에서 벗어나 사용자에게 더 적합한 해결책을 제시하는 방향으로 나아갈 것이다.

그럼에도 불구하고, 이 책을 넓은 의미의 소프트웨어 엔지니어링에 관한 책이라고 받아들이는 실수를 하지 않았으면 좋겠다.

차례

테스트

디버깅

1

프로그래밍 배우기

목표

- ☑ 프로그래밍을 배우는 과정을 엉망으로 만드는 방법
- ☑ 도구를 고르는 최악의 방법

챕터 소개

이 챕터는 코딩을 하기 위한 준비 과정으로 프로그래밍을 배우는 방법과 개발 도구를 선정하는 방법부터 시작한다. 나쁜 개발자가 되고 싶은 당신을 위해, 이 챕터는 이런 과정을 엉망으로 만들도록 도와줄 것이다.

01 프로그래밍을 배우는 안 좋은 방법

프로그래밍을 직업으로 선택했다면, 당신은 아마 끊임없이 배우게 될 것이다. 소프트웨어는 매우 빠르게 변화하는 분야다. 새로운 도구와 급진적인 발전은 스티븐 킹(Stephen King)[1]의 책보다 더 자주 등장할 것이다.

이 절은 당신이 어떻게 하면 여기저기를 돌아다니며 프로그래밍을 배우기 위해 노력할 수 있는지 보여 줄 것이다. 물론 거의 아무것도 제대로 배우지 못하겠지만 말이다.

☠ 연습하지 마라

아마 당신의 외국어 선생님은 당신에게 책을 읽는 것만으로는 아무것도 배우지 못할 것이라고 이야기했을 것이다. 연습, 연습, 그리고 연습하라고 말했을 것이다. 그리고 이것이 유일하게 외국어를 배울 수 있는 방식이기도 하다.

하지만 사람들은 프로그래밍 언어와 말하는 언어가 다르다는 것을 모두들 알고 있다. 그러니 수학이나 과학처럼 당신은 그저 책을 읽으면서 프로그래밍을 공부하면 된다. 뉴턴 역학을 배우기 위해서 원심 분리기를 만들 필요는 없지 않은가? 그냥 교과서에서 공식만 배웠을 테니 말이다.

요약: 프로그래밍 책을 읽되, '연습'란은 다 지나쳐 버려라.

---

[1] (역주)스티븐 킹은 미국의 작가로 2020년 현재 90권에 가까운 책을 집필하였다.

☠ 욕망을 따르지 마라

이전 조언에도 불구하고, 당신은 프로그래밍 기술을 연습하고 싶다고 느낄 수도 있다. 만약 이런 욕망을 다스릴 만한 훈련이 되어 있지 않다면, 다음과 같은 질문이 떠오를지도 모른다. "어떤 연습을 해야 하지?"

어떤 훈련을 하더라도 내가 하고 싶은 걸 고르거나 창의적인 것을 고르지 마라. 그저 찾을 수 있는 아무 예제 중 가장 첫 번째 것을 선택하면 된다. 가급적이면 그 예제가 전혀 재미없어 보이는 주제를 다루고 있다면 더욱 좋다. 왜냐면 무엇을 만들지 생각하기 시작할 때 열정에 사로잡히기 쉽고, 열정에 사로잡히는 것은 나쁜 일을 하려는 사람들에게 매우 위험하기 때문이다. 열정에 사로잡히기는 너무나도 쉽다.

☠ 스크립트 키드[2]가 돼라

풀어야 하는 연습 문제가 하나 있다고 가정해 보자. 당신이 해야 할 일은 정
답을 작성하는 것이다. 그것도 아주 엉망인 정답을. 물론 당신은 그 문제에 대
해서 스스로 생각하지 않을 것이다. 앞서 말했던 것처럼 직접 실습하는 건 개발
에 대한 관심을 고취시키고, 당신의 실력을 향상시키는 아주 위험한 방법이다.

훨씬 더 좋은 방법은 문제를 해결하기 위한 정답을 인터넷의 바다에서 찾아
보는 것이다. 그런 다음, 그 코드를 제대로 살펴보지도 않은 채 그저 복사·붙
여넣기하고 당신이 그 코드를 짰다고 주장하면 된다. 그러면 아마 당신은 그 과
정에서 무엇인가를 배웠다고 스스로를 납득시키는 데 성공할지도 모른다.

그러나 이 방법을 선택한다면 조심해야 한다. 이 방법은 당신이 기대하는 것
만큼 끔찍한 방법이 아니기 때문이다. 사실 많은 교육자들이 학생들에게 다른
사람들이 작성한 좋은 예제를 공부하면서 왜 그것이 좋은 코드인지 이해하라고
권하기도 한다. 그러니 무슨 일이 있어도 복사·붙여넣기한 코드가 왜 그렇게
작동하는지 이해할 생각은 하지 않기를 바란다.

---

[2] 코드를 복사·붙여넣기하는 사람들을 비판적으로 가리켜 스크립트 키드(script kiddie)라고 한다.

🐥 혼자서 하라

개발자로서 당신의 성장을 늦추는 훌륭한 방법은 바로 혼자서 공부하는 것이다. 다른 학생들과 같이 공부하면 다음과 같은 어려움에 직면하게 될 것이다.

+ 당신 스스로를 발전시킬 수 있는 다른 아이디어나 관점에 노출되게 된다.
+ 다른 사람에게 설명하는 과정에서 더 깊은 이해를 하게 될지도 모른다.
+ 더 이해하기 쉬운 용어로 설명된 자료를 통해서 더 쉽게 이해하게 된다.
+ 질문하고 자신의 주장을 명확하게 말하게 될 가능성이 크다.
+ 실제 프로젝트가 어떻게 작동하는지를 경험하게 된다.

02 | 도구를 고르는 안 좋은 방법

코딩에 비해서는 비교적 덜 중요하지만, 생각해 보아야 할 것이 바로 도구다. 이건 입문자에게나 현업 개발자에게나 모두 중요하다. 프로그래밍을 위한 다양한 종류의 도구들이 있는데, 표 1-1에서 어떤 것들이 있는지 살펴보자.

표 1-1 프로그래밍 도구

종류	목적	예
프로그래밍 언어	컴퓨터가 수행할 명령을 작성한다.	Java, Python, C++
통합 개발 환경(IDE, Integrated Development Environment)	다양한 소프트웨어 개발 도구를 통합한다(코드 편집기, 컴파일러, 디버깅 도구 등).	Eclipse, IntelliJ, BlueJ
코드 생성기	자동으로 코드를 짜 준다. 일반적으로 작성한 코드 이후에 특정한 내용을 채워 넣을 때 사용한다.	대부분의 코드 편집기에 포함되어 있다.
그래픽 유저 인터페이스(GUI, Graphical User Interface) 빌더	코드를 짜는 것이 아니라 UI 요소를 마우스로 가져오는 형태로 사용자 인터페이스를 만든다.	Eclipse WindowBuilder, IntelliJ GUI Designer, QT Creator
버전 관리 시스템	소프트웨어 프로젝트의 파일 변경 내역을 관리한다.	Git, Subversion, Mercurial
코드 리뷰	코드를 등록하고 다른 동료들로부터 허가를 받는다.	Gerrit, Review Board

☠ 초심자로서 엉망으로 선택하라

사람들은 모두 다른 수준의 개발 지식을 가지고 있기 때문에, 특정 시기에 적합한 도구들이 각기 다를 것이다. 초심자라면 굉장히 많은 것을 배워야 하므로, 배움의 무게에 짓눌리지 않으면서 한편으로는 적당히 자극을 받을 수 있는 균형을 찾아야 한다.

물론 도전을 하지 않았을 때 얻을 수 있는 아주 명백한 장점들도 있다. 거의 노력을 하지 않아도 되고, 새로운 것을 아무것도 배우지 않아도 된다는 점이다. 그러니 현재 수준과 비교해서 모든 것을 편리하게 만들어 주는 도구를 이용하면, 많은 것을 이해하지 못하더라도 이런 도구들이 알아서 처리해 주기 때문에 좋다.

제대로 배우고 싶지 않다면 과한 도구를 선택하는 것도 좋은 방법이다. 예를 들어서, 전문가가 사용하는 도구를 고르면 아주 고생하게 될 것이다. 하지만 이럴 땐 그런 도구를 쓰는 당신을 보며 감동 받을 사람들을 생각해 보자. 아마 학습 속도는 거의 기어가는 것처럼 느려질 테지만 말이다.

❗ 주의하기!

균형을 잘 찾기 위해서는 현재 당신의 능력에 맞는 도구를 선택하는 것이 중요하다. 만약 개발자 경력의 매우 초기에 있다면, 변수나 반복문 등의 기본 개념들도 제대로 사용하기 힘들 것이다. 이런 경우에는 드래그 앤 드롭으로 개발할 수 있는 환경이나 스크래치 또는 엔트리 같은 시각적인 프로그래밍 환경을 사용하는 것도 좋다(Powers 등, 2006).

이런 도구들에 익숙해졌다면, 이제 더 복잡한 Visual Basic, BlueJ 혹은 IntelliJ 같은 개발 환경도 고려해 볼 수 있다. 복잡한 도구일수록 더 강력한 경우가 많다.

도구는 주로 반복적인 일을 자동화함으로써 더 간편하게 업무를 진행하도록 돕는다. 자동화는 다음과 같은 두 가지 경우에 도움이 될 수 있다.

- 업무에 대해서 이해하지 못하고 있지만, 도구를 사용함으로써 일을 완전히 마칠 수 있을 때
- 업무에 대해서 파악하고 있지만, 도구를 사용하면 그 일을 더 빨리 끝낼 수 있을 때

이 중 어떤 경우가 현재 상황에 적합한지 생각해 볼 필요가 있다. 예를 들어, 코드를 자동으로 생성해 주는 도구는 매우 편리하다. 하지만 만약 어떤 훌륭한 선생님이 자동 생성된 코드가 무엇을 의미하는지 당신에게 물어본다면 어떻게 할 것인가? 만약 코드를 제대로 이해하고 있지 못한데, 코드에 변화가 필요하다면 어떻게 할 것인가? 이런 경우에는, 생성된 코드들이 어떻게 작동하는지 충분히 가지고 놀아 봐야 한다.

☠ 선택지에 집착하라

48인치 텔레비전을 가지고 있지만, 50인치 텔레비전을 산다면 정말 큰 차이가 생길 거라 확신하지 않는가? 아이폰 10을 가지고 있지만, 밤에 잠을 이루지 못할 만큼 아이폰 11이 가지고 싶지 않나? 혹은 그것이 당신의 삶에 엄청난 차이를 만들 거라 믿지 않는가?

당신을 위해 조언을 하나 하자면, 도구 선택에 집착하는 것이 마치 엄청난 차이를 만들어낸다고 생각하라. 이건 정말 시간과 노력을 낭비하는 훌륭한 방법이다.

예를 들어 보자.

+ 당신의 프로젝트가 꼭 자바 7을 사용해야 한다면, 자바 8의 새로운 스트림 API가 얼마나 훌륭한지 설명하는 데 동료들의 한 시간을 낭비시켜라.
+ 팀에서 Git을 버전 관리 시스템으로 사용하고 있다면, 매일 같이 돌아다니면서 Mercurial로 바꿔야 한다고 말해라. 이게 바로 마법의 유니콘처럼 모든 문제를 해결해 줄 것이기 때문이다.

❗ 주의하기!

그 어떠한 도구도 생산성이나 만들어내는 결과물에 극적인 변화를 가져다주지 않는다. 소프트웨어 개발에 있어서 만병통치약이란 없다는 말이다(Brooks, 1995).

만약 이런 도구 선택에 관한 쓸데없는 주장을 계속한다면, 합리적으로 판단할 줄 아는 동료들이 개인의 선호는 때때로 필요에 따라 굽힐 줄도 알아야 한다고 지적할지도 모른다. 좋은 개발자는 어떤 도구를 쓰더라도 좋은 결과물을 만들어낼 수 있다는 데 자부심을 가져야 한다.

🐛 신기술의 희생양이 되어라

소프트웨어 개발에 있어서 새로운 걸 쓰고 싶다는 욕심은 전염병이다.

- Robert L. Glass (2002)

개발자들이 신기술을 좋아하지 않는다고 말하기는 매우 힘들다. 소프트웨어 개발의 역사를 비추어 봤을 때 아주 많은 예시들이 존재한다. B라는 도구는 현재 모든 사람들이 사용하는 A라는 도구에 대항하기 위해서 만들어진다. B라는 도구는 A라는 도구와 95% 동일하다. 하지만 소위 '힙스터'들은 B가 세상이 창조된 이래 최고의 기술이라고 말한다. 그러면 전 세계 개발자들은 엄청난 비용을 지불하고서 B라는 도구를 사용하게 된다. 그 다음 해, 더 짧게는 다음 분기 정도에 C라는 도구가 등장하고, 또 아주 다른 방식으로 문제를 해결한다. 그러면 또 개발자들은 흥분해서 바지에 지려버리고 만다.

그런데, 이전에 설명했던 것처럼 하나의 도구가 결과물에 어마어마한 변화를 일으키는 경우는 없다. 당신이 현재 사용하는 도구가 아주 오래되거나 최악의 것만 아니라면, 사실 새로운 도구를 배우는 시간적 비용을 감내할 가치는 없다.

그러니 도구를 선택하는 최악의 방법을 원한다면, 힙스터들을 쫓고 유행을 따르면 된다. 그리고 동료들에게도 같은 걸 하자고 주장하면 된다. 그렇게 설득에 성공한다면, 대부분의 시간을 새로운 도구를 찾는 데 쓰고 정작 일할 시간은 거의 없는 당신을 발견하게 될 것이다.

구성과 구조

chapter 2

목표

- ☑ 코드를 읽기 어렵게 만드는 방법
- ☑ 구조화되지 않은 코드가 구조화된 코드보다 더 엉망인 코드를 작성하는 데 도움이 되는 이유
- ☑ 쓸모없는 문서를 남길 수 있는 방법

사전에 알아야 하는 것들

- ☑ 기본적인 자바 프로그래밍
  - 메소드와 매개변수 사용법
  - 기본적인 조건문과 반복문
  - 간단한 주석과 자바 문서 작성
- ☑ 편집기의 몇 가지 형태
- ☑ 소스 코드와 바이너리 코드의 차이점

코드 배치는 그 코드가 얼마나 이해하기 쉬운지에 영향을 미친다. 그리고 배치 방법은 무언가 배치할 장소와 같은 스타일에 관한 방식, 서브루틴의 사용 여부와 같은 코드가 실행되는 방식 두 가지에 모두 적용될 수 있다. 두 가지 경우에 모두 어떻게 알아볼 수 없는 코드를 만들 수 있는지 배워 보도록 하자.

코드 배치와 구조는 어떻게 주석을 다는가에 따라서 더욱 끔찍한 결과를 만들어낼 수도 있다. 이 챕터에서는 당연히 주석이 프로젝트 전체에 해를 끼치는 방법도 알아보도록 하겠다.

01 | 일관성 없고 엉망으로 띄어쓰기 하기

오늘날 유명한 프로그래밍 언어 중 몇몇은 '자유 형태 언어'라고도 불린다. 이 말은 자간, 들여쓰기, 빈 줄 등의 코드 배치 자체가 컴퓨터에 아무런 영향을 미치지 못한다는 것을 의미한다. 그러니까 코드에 문법적인 오류만 없다면, 실행 가능한 코드를 아무렇게나 작성할 수 있다는 말이다.

물론 직장 동료들은 그렇게 협조적이지 않을 것이다. 엉망으로 배치된 코드란 정말 이해하기 어렵기 때문에, 그들은 당신이 규칙과 회사 내 코드 작성 방식에 따라 코드를 작성하기를 기대할 것이다.

아래에서 대혼란을 야기하는 첫 번째 코드를 만나 보도록 하자.

☠ 바로 확인해 보자

아래 예시와 함께 시작해 보자.

```java
public class Main {
  public int number;
  public void assignIfPositive(int a) {
    if (a > 0) {
      System.out.println("a is positive");
      number = a;
```

---

[1] Java, C/C++, Javascript, Ruby 등

```
        }
      }
    }
```

이 코드에서 컴퓨터는 무엇을 보게 될까? 컴퓨터는 Main 클래스가 가장 먼저 선언된 것을 읽는다. 이것은 프로그램의 최상위 단계임을 의미한다. 그리고 Main 클래스의 괄호 사이에 assignIfPositive라는 메소드가 선언된 것을 보게 되는데, 이는 메소드가 클래스 안에 위치함을 나타낸다. 이것은 프로그래밍 문법에 관한 내용이며 컴퓨터한테 중요한 요소들이다.

이것들은 개발자에게도 중요하다. 그런데 코드 작성자는 컴퓨터가 별로 신경 쓰지 않는 추가적인 정보도 함께 제공한다. 개발자들도 Main 클래스가 최상위 단계에 있다고 인식하는데, 이건 바로 들여쓰기가 하나도 없는 줄이기 때문이다. 그리고 assignIfPositive라는 메소드가 Main 클래스 안에 있다고 이해할 수 있는 것은 바로 한 단계 들여쓰기를 하였기 때문이다. If (a > 0)라는 조건문도 역시 assignIfPositive 메소드와 비교할 때 한 단계 더 들어가 있는 것을 볼 수 있는데, 이 조건문이 해당 메소드 안에 있다는 것을 의미한다.

물론 코드를 '꼭' 들여쓰기 할 필요는 없다. 컴퓨터는 다음과 같은 코드도 아주 별말 없이 작동시킬 것이다.

```
public class Main {
public int number;
public void assignIfPositive(int a) {
if (a > 0) {
System.out.println("a is positive");
number = a;
}
}
}
```

들여쓰기에 대해서 고민하는 것은 불필요한 일을 하나 만드는 것이다. 어찌 됐든 코드는 컴파일될 것이고, 일은 끝나게 된다. 그렇지 않은가?

사실 첫 번째로 해서는 안 되는 우리의 규칙은 이렇게 결론 맺어진다.[2]

"무엇인가 반드시 해야 하는 것이 아니라면 시간을 쓸 만한 가치가 없다."

컴퓨터는 아무런 불만 없이 이 코드를 컴파일할 텐데, 왜 사람이 여기에 불만을 가지는가?

⬣ **주의하기!** ···

다른 개발자 동료들이 제대로 들여쓰기가 되지 않은 코드에 불평하는 이유는 이 책 전반에 걸쳐서 다루겠지만, 바로 코드는 다른 사람과 의사소통하는 첫 번째 수단으로 활용되어야 하기 때문이다.

결국 컴퓨터는 자바나 C++ 같은 인간의 언어에 가까운 고수준의 언어를 이해하지 못한다. 컴퓨터는 프로그램이 컴파일되면서 생성되는 바이너리 코드만 이해한다. 고수준의 언어는 사람이 프로그램을 이해하고 작성할 수 있도록 더욱 쉽게 만들어진 발명품일 뿐이다.

들여쓰기는 코드의 구조를 더욱 이해하기 쉽게 도와준다(Van De Vanter, 2002). 들여쓰기는 코드를 위한 시각적인 가이드로서 읽는 사람이 한눈에 프로그램을 파악하고, 각 조각들이 어떻게 동작하는지 이해를 돕기 위해서 존재한다. 또한 버그를 잡아내는 데도 매우 유용한데, 이전 코드에서 조금 변경된 버전을 살펴보자.

```java
public class Main {
public int number;
public void assignIfPositive(int a) {
if (a > 0)
System.out.println("a is positive");
number = a;
}
}
```

문제가 보이는가? 만약 코드가 제대로 들여쓰기 되었다면 어떨까?

―――――
[2] 여기서 '해서는 안 되는 규칙'이란 나쁜 개발자를 만드는 일반적인 조언을 말한다.

```
public class Main {
  public int number;
  public void assignIfPositive(int a) {
    if (a > 0)
      System.out.println("a is positive");
    number = a;
  }
}
```

이제 문제를 더 쉽게 알아볼 수 있게 되었다. 변경된 버전에서는 if 조건문이 괄호를 포함하지 않고 한 줄짜리 조건문[3]으로 되어 있다. 그래서 number 라는 변수에는 반드시 양의 정수만 할당되어야 하는데, 이 경우에는 값이 양수든 음수든 관계없이 일어나게 되었다. 이런 일은 예시 속에서만 존재하는 것이 아니다. 잘못된 들여쓰기는 오류를 일으키는 소프트웨어와 관련이 깊고(Miara, 1983), 현업에서 발생하는 심각한 문제의 주된 원인이 되기도 한다(Wheeler, 2014).

들여쓰기는 지구상의 모든 소프트웨어 개발 프로젝트에서 적극적으로 사용되고 있다. 그러니 동료 개발자들도 당신에게 그것을 기대할 것이다. 대부분의 소스 코드 편집기는 들여쓰기를 자동으로 해 주기도 하고.

☠ 공간을 확보하라

만약 당신이 코드에 존재하는 공간으로 장난을 치고 싶다면, 들여쓰기를 엉망진창으로 하는 것에 견줄 수 있는 것이 바로 여백으로 장난질을 치는 것이다. 여기서 여백이란 코드상에서 글자 사이의 빈 공간을 말한다. 또는 코드상의 요소들[4]이나 코드 블록 사이의 빈 공간을 의미할 수도 있다.

들여쓰기와 마찬가지로 여백은 자유 형태의 프로그래밍 언어를 쓸 때 아무런 차이도 만들지 못한다. 코드 사이의 여백은 가독성에 영향을 미친다. 그러나 여

---

[3] 한 줄짜리 조건문이란 바로 뒤따라 오는 라인이 마치 if 조건문의 괄호 안에 있는 것처럼 작동하는 것을 말한다.

[4] 프로그래밍에서 요소란 키워드, 변수, 연산자 등을 가리킨다.

백에 관한 규칙은 비교적 덜 엄격한 편이다. 다음의 코드를 살펴보자.

```java
if(meal == "Breakfast" && hour >= 11){
    System.out.println("No breakfast after 11am.");
}
```

if 조건문 안의 조건은 요소 사이에 여백이 존재하기 때문에 명확히 구분되어 보여서 읽기 쉽다. 그러나 여백은 다양한 형태로 줄 수 있다. 앞으로 일하다 보면 프로젝트마다, 심지어는 개발자마다 다른 스타일을 볼 수 있을 것이다. 예를 들어, 누군가는 논리 연산자 사이에는 띄어쓰기를 하지만, 비교 연산자 사이에는 띄어쓰기를 안 할 수 있다.

```java
if(meal=="Breakfast" && hour>=11)
```

한편 다른 누군가는 여백을 너무 좋아해서, 가능한 한 괄호 안의 모든 곳에 여백을 둘 수도 있다.

```java
if ( meal == "Breakfast" && hour >= 11 )
```

어쨌든 여백을 두면 비교적 읽기가 쉬워진다. 윽! 뭐가 쉬워지냐고 묻고 싶거든 아래 코드를 보자.

```java
if(meal=="Breakfast"&&hour>=11)
```

이 경우에는 조금 낫다. 모든 공백을 없애면 문제가 발생하는데, 모든 코드가 하나로 뭉쳐지면서 "이단어들이한문장에한꺼번에있는것처럼" 읽기가 힘들어진다(Van De Vanter, 2002). 이렇게 공백을 없애면 '조금' 읽기 힘들어지겠지만, 지속적으로 일을 하는 데 방해가 될 것이다.

🕱 탭과 스페이스

코드를 대혼란으로 이끌려는 프로젝트를 성공적으로 수행하기 위해서는 변주라는 개념을 기억해야 한다. 코드를 쓸 때마다 다른 공백을 주는 것이 얼마나 혼란스러운지 알게 되면 놀랄지도 모른다.

좋은 예시는 공백을 줄 때 탭 키와 스페이스 키를 적절하게 섞는 것이다. 들여쓰기는 보통 스페이스 키를 여러 번 누르거나, 혹은 탭을 한 번 누르는 걸로 입력한다. 스페이스 키 한 번은 보통 문자 하나의 사이즈를 차지하는 반면에, 탭의 너비는 사용하는 코드 편집기 설정에 따라 달라질 수 있다. 예를 들어, 편집기의 탭 키 설정을 4로 맞출 경우에 탭 키를 한 번 입력하면 스페이스 4칸만큼 이동하게 된다. 다른 편집기에 탭 공백 설정이 2로 맞춰져 있다면, 탭을 한 번 입력하면 스페이스 2칸만큼 보일 것이다.

여기서 재미있는 일이 발생한다. 아무렇게나 탭 키와 스페이스 키를 섞어서 써 보자. 다음 예시에 탭과 스페이스로 들여쓰기 된 코드가 표시되어 있다.[5]

```
public void guessTheNumber(int guess) {
••••int a = 0;
••••while (a < 10) {
••••••••a = a + 1;
▶    ▶    if (a == guess)
▶    ▶    ▶    System.out.println("You guessed right!");
••••}
}
```

탭 너비가 4인 편집기에서는 위처럼 보인다. 스페이스 4칸으로 들여쓰기한 라인과 비교해 보면 더 명확하게 드러난다. 이제 탭 너비가 2로 설정된 편집기와 비교해 보자.

---

[5] 스페이스는 원으로 표시. 탭은 화살표로 표시했다.

```java
public void guessTheNumber(int guess) {
    int a = 0;
    while (a < 10) {
        a = a + 1;
    if (a == guess)
     System.out.println("You guessed right!");
    }
}
```

이 코드는 다른 사람들의 이해를 방해할 수 있다. 동료 개발자들은 코드를 잠깐 살펴보고는 while 반복문과 if 조건문이 같은 레벨에 존재한다고 생각할 수 있다. 혹은 그들이 문제를 찾아내서 그 문제를 해결하기도 전에, 한참 동안 문제를 들여다보느라 노력과 시간을 써야 할 수도 있다.

어느 쪽이 됐든, 일관성을 버리는 것은 코드 전체에 작은 혼돈을 가져올 수 있는 아주 좋은 방법이다. 우리가 적어 두어야 할 해서는 안 되는 규칙이 하나 더 나왔다.

일관성을 버려라!

❗ 주의하기! ···

현업 개발자들은 일관성의 중요성을 매우 강조한다. 사실, 많은 프로그래밍 교재와 스타일 가이드에서 "코드 배치에 일관성 있는 규칙을 적용하는 것이 규칙을 정하는 것보다 훨씬 중요하다"고 말한다.

프로젝트의 코딩 규칙은 다양한 선택지 중 하나를 골라서 다른 사람들에게 강제하는 경향이 있다. 예를 들어서, 유럽 우주 기관(ESA, European Space Agency)의 자바 코딩 5번째 규칙은 "코드를 작성할 때 탭을 사용하지 말고, 스페이스 키를 사용하라"(ESA, 2004)고 한다.

최신 편집기와 개발 환경은 스페이스와 탭 규칙을 시행하는 내장 기능을 포함하고 있다. 이런 프로그램들은 코드를 자동으로 변환하고, 코드 구조를 특정한 방식으로 구조화한다. 어떤 코드 리뷰 도구들은 규칙을 따르지 않는 코드를 자동으로 승인 거부하기도 한다.

···

02 | 코드에 쓸모없는 것 더하기

완벽함이란 더할 것이 없을 때가 아니라, 걷어낼 것이 없을 때 달성된다.

- Antoine de Saint Exupéry (1939)

프로그래밍은 숙련된 개발자에게도 어렵다. 프로그래밍은 높은 복잡도를 관리하고, 끊임없이 변화하는 정보를 한번에 모두 기억할 수 있어야 한다.

그래서 프로그래밍은 많은 집중력이 필요하다. 프로그래머를 산만하게 하거나 혼란스럽게 할 수 있는 그 어떤 것도 집중력을 깨트릴 수 있으며, 집중을 하지 못하는 개발자는 언제든지 실수할 위험이 있다. 당신은 동료들이 일하는 동안 시끄러운 음악을 틀거나 막대기로 다른 사람들의 머리를 찌르고 다니며 집중을 분산시킬 수 있다. 하지만 그렇게 너무 대놓고 할 필요는 없다. 좋은 소식은 코드를 짜는 것만으로도 다른 사람의 집중력을 흐트러뜨릴 수 있다는 것이다!

개발자들은 한 곳에 너무 많은 것이 들어가 있지 않은 깔끔한 코드를 좋아한다. 불필요한 요소가 많은 코드는 집중하기 위해 노력하는 개발자에게 매우 안좋은 요소다.

🐛 사용하지 않는 것들

앞으로 영영 사용하지 않을 것들을 코드상에 정의해서 다른 사람의 혼을 빼놓아라. 합리적으로 판단할 수 있는 사람이라면 한 번 선언된 변수는 어디에선가 사용되리라 생각한다. 그러니 사용되지 않는 변수를 두면 다른 사람들을 낚을 수 있다.

```
public double applySecretFormula(
            int a, int b, int c, int d) {
    return (a^2 / (b + 1)) * c;
}
```

이 함수에서는 세 개의 변수(a, b, c)를 사용하고 있지만, 함수의 매개변수 목록에는 네 번째 인자인 d를 포함하고 있는 것을 볼 수 있다. 그러면 이 코드를 살펴보던 사람은 이 지점에서 멈춰야 한다. 그리고 이런 질문을 하게 될 것이다. '여기서 d가 뭘 하는 거지?', '매개변수 목록이 잘못된 건가?', '혹은 함수가 완성이 덜 된 건가?', '이전에 사용했지만 지금은 더 이상 사용하지 않게 바뀐 건가? 더 이상 사용하지 않는 걸 매개변수 목록에서 삭제하는 걸 까먹은 거고?' 위의 코드는 그 어떠한 질문에도 대답해 주지 않는다.

🐞 죽은 것들

쓸데없는 걸 채워 넣는 또 다른 방법은 바로 '죽은 코드'라고 불리는, 사용할 수 없는 코드를 집어넣는 것이다. 이 코드들은 어떤 조건에서도 접근할 수가 없다. 아무런 목적 없이 거기에 있기 때문에, 이런 코드는 컴퓨터의 메모리와 개발자의 두뇌에 공간만 차지할 뿐이다. 아래 예시를 보면 이게 무슨 말인지 쉽게 이해할 수 있을 것이다.

```
public int applyDiscount(int quantity) {
    if (quantity > 10) {
        return price - 10;
    }
    else {
        return price;
    }
```

```
    System.out.println("Discount checked!");

  }
```

이 경우에 println이라는 함수까지 도달할 수 있는 방법은 어디에도 없다. 왜냐면 해당 함수까지 모든 가능한 길이 println을 실행하기 전에 return에 의해서 종료되기 때문이다. 하지만 이는 비교적 쉽게 알아챌 수 있는 예이다. 코드 분석 도구가 이걸 찾아낼 수 있으며, 자바의 경우에는 컴파일러가 컴파일 에러를 일으킬 것이다.

만약 이런 접근할 수 없는 코드를 쓰고 싶다면, 다음과 같이 훨씬 더 찾기 어렵고 섬세한 코드를 작성해야 한다.

```
public void doProcessRandomly() {
  double n = Math.random();

  if (n > 10) {
    // if 블록 내의 모든 코드는 절대 실행될 수 없는 죽은 코드다.
  }
}
```

문제가 보이는가? 컴파일러는 이 문제를 발견해낼 수 없다. 컴파일러의 관점에서 봤을 때, Math.random 내장 함수는 double 값을 반환하고 있기 때문이다. 하지만 컴파일러는 Math.random이라는 함수가 0과 1 사이의 값을 반환하기 위해 존재하는 방식이라는 것을 이해하지 못한다. 이 코드를 몇 번을 실행시켜도 n은 절대로 10을 넘지 않기 때문에, if 조건문 안에 있는 코드에는 접근할 수가 없다. 왜냐면 if 조건문은 n이 10을 넘을 때만 실행되기 때문이다.

☠ 사용할 수 없는 것들

프로그램으로부터 코드를 지우라는 말을 들으면 굉장히 걱정스러울 수 있다. 코드 어딘가에서 그 코드를 사용하고 있을 수도 있는 것이 아닌가. 혹은 다 지우고 난 다음에 그것에 대해서 잊어버리는 것이 두려울 수도 있다. 혹시나 나중에 다시 필요하다면? 코드를 제거할 수도 없고, 그렇다고 그냥 둘 수도 없으면 어떻게 해야 할까? 물론 방법은 있다! 코드를 주석으로 바꾸고, 이 프로젝트가 진행되는 동안 아무도 모르길 기도하면 된다.

❗ 주의하기!

이런 경우에 동료들의 조언은 대체로 비슷할 것이다. "필요 없으면 다 지워라." 프로그램의 실행에 필요 없는 코드는 쓰레기이거나, 심지어 잠재적인 에러가 되기도 한다. 불필요한 코드가 있는 프로그램은 장애와 연관성이 높다(Card 등, 1986).

삭제한 코드가 나중에 필요한 경우를 걱정할 필요는 없다. 왜냐면 버전 관리 시스템에서 복구해서 사용하면 되기 때문이다. 당연히 버전 관리를 하고 있겠지?

03 | 형편없는 주석 달기

코드의 구조, 여백, 그리고 쓸모없는 코드 같은 것들은 코드의 가독성에 영향을 미친다. 이런 요소들은 시스템과 관련이 많아서, 자동화 도구들이 특정한 규칙을 강제하는 경우가 많다.

주석 역시 코드가 얼마나 잘 읽히는지에 영향을 미친다. 그러나 주석을 다는 것은 굉장히 창의력이 많이 필요한 작업이다. 자동화된 도구가 주석을 대신 달아 줄 수 없고, 심지어 이게 언제 잘못 작성된 것인지 알려 주지도 않는다.

주석은 문제를 일으킬 가능성이 높다. 잘 쓴 주석은 동료의 이해를 돕지만, 엉망으로 쓰면 동료들은 혼란스러워하거나 굉장히 화를 낼 가능성도 높다. 이 길의 끝에 무엇이 있는지는 말하지 않아도 다들 알 것이라고 믿는다.

☠ 주석을 달지 마라!

가장 노동 강도가 낮은 형태의 나쁜 주석은 바로 주석을 아예 남기지 않는 것이다. 오래된 지혜를 한번 빌려 보자.

"쓰기 어렵다면, 읽기도 매우 어려울 것이다."

만약 문제를 만들고 싶다면, 코드에 주석을 달지 않는 걸 가장 먼저 시도해야 한다. 코드를 제출할 때 코드 작동 방식에 대한 어떤 설명도 남기지 마라. 어떻게 될지 모르니, 빠져나갈 구멍은 만들어 놔야 한다.

⚠ 주의하기!

주석의 목적은 코드를 명확하게 하는 것이다. 그런데 코드가 이미 단순하고 명료하면, 대체로 주석은 달 필요가 없다. 다음과 같은 코드에는 주석을 달지 말자.

```
public void getWeight() {
    return weight;
}
```

그런데 다음과 같은 코드는 전혀 뭘 하고 있는지 명확하지 않다.[6]

```
for (i = 0; i < numbers.length; i++) {
    for (int j = 1; j < (numbers.length - i); j++) {
        if (numbers[j - 1] > numbers[j]) {
            Integer temp = numbers[j - 1];
            numbers[j - 1] = numbers[j];
            numbers[j] = temp;
        }
    }
}
```

이 경우에는 주석이 이 코드의 목적을 훌륭하게 설명해 줄 수 있을 것이다. 코드가 복잡해 보인다면(이 책의 조언을 잘 따르고 있다면 복잡해 보여야만 한다), 주석을 넣을 수밖에 없을 것이다.

도구를 잘 사용하면 주석을 다는 과정을 훨씬 단순화할 수 있다. 예를 들어, 주석 생성기는 코드를 읽고 기본적인 주석의 골격을 잡아 준다. 그러면 당신의 역할은 생성기가 만들어 준 것을 잘 수정하는 것이다.[7] 또 다른 유용한 도구는 문서 생성기다. 이건 코드에서 주석 이상의 정보를 읽어내서, 코드를 설명하는 HTML이나 PDF 문서를 만드는 데 사용된다.[8]

---

[6] 이 코드는 버블 정렬을 구현한 것이다.

[7] 이런 주석 생성기의 예시로는 Atominner(www.atomineerutils.com)가 있다.

[8] Doxygen(doxygen.org)이나 Javadoc이 훌륭한 예시고, 자바 개발 환경에 내장되어 있다.

☠ 코드 따라 하는 주석

자, 주석 없는 코드를 만들려는 우리의 시도가 실패했더라도 걱정하지 말자.
여전히 다양한 방법들이 남아 있으니까.

주석을 남기지 않는 것 다음으로 안 좋은 방법은 바로 코드를 따라 하는 주석
을 남기는 것이다. 아마도 다음과 같은 예제를 본 동료들은 "주석 좀 남기지 마
시죠!"와 같은 말을 하게 될 것이다. 오케이, 그들이 원하는 대로 해 주자.

if 조건문 안에 있는 이런 상황을 살펴보도록 하자.

```
if (numbers[j - 1] > numbers[j]) {
    // numbers[j - 1]를 temp 변수에 할당한다.
    Integer temp = numbers[j - 1];
    // numbers[j]를 numbers[j - 1]에 할당한다.
    numbers[j - 1] = numbers[j];
    // temp의 값을 numbers[j]에 할당한다.
    numbers[j] = temp;
}
```

여기에 사용된 주석들이 얼마나 환상적으로 쓸모없는지 보이는가? 주석이 코
드에 어떠한 정보도 전달하고 있지 않다는 걸 알 수 있을 것이다. 이런 주석은
정말 존경할 만한 수준의 무용함에 도달했다고 하겠다.

❗ 주의하기!

좋은 주석은 코드를 명확하게 하고, 그 뒤에 숨은 의미를 설명한다. 즉, 정보를 전달한다. 하지
만 이전 예시의 주석은 전혀 그런 기능을 하지 못하고, 그저 각 단계가 무엇을 하고 있는지 다
시 반복해서 언급했을 뿐이다. 각 단계는 개발자들이 크게 관심 갖는 내용이 아니다. 개발자라
면 코드를 읽을 때 어디에 뭘 할당하는지는 알 수 있다. 개발자들이 주로 관심을 갖는 내용은
그 코드들이 모여서 뭘 하는지, 그리고 그 동작을 통해서 이루고자 하는 것이 무엇인가 하는
것이다. 유용한 주석은 이런 수준에서 설명하는 것을 의미한다(Schneidermann, 1979).

이전 예제에 더 유용한 주석이라면 다음과 같다.

```java
// 두 연속된 숫자의 값을 비교한다.
// 만약 앞의 수가 뒤의 수보다 크다면, 배열상에서 순서를 바꾼다.
if (numbers[j - 1] > numbers[j]) {
    Integer temp = numbers[j - 1];
    numbers[j - 1] = numbers[j];
    numbers[j] = temp;
}
```

그러면 이제 전체 과정에 대한 요약 설명은 이렇게 적을 수 있을 것이다.

```java
// 버블 정렬 알고리즘을 이용하여 숫자를 오름차순으로 숫자 배열 안에 정리한다.
for (int i = 0; i < numbers.length - 1; i++) {
    for (int j = 1; j < (numbers.length - i); j++) {
        // 기타...
```

☠ 업데이트되지 않은 주석

주석 없는 코드를 쓰기 시작했지만 다들 그걸 알아냈다. 당신은 작정하고 쓸모없는 주석을 추가하려고 했지만 또 코드 리뷰에서 통과되지 못했다. 그렇다고 이렇게 포기할 것인가? 주석을 엉망으로 작성할 다른 방법은 없을까?

사실 다른 방법이 있다. 아마도 다른 방법들 중에서 가장 사악한 방법일 것이다. 이렇게 한 번 생각해 보자. 주석이란 기본적으로 코드를 설명하기 위해서 존재한다. 그런데 그 설명이 코드의 실제 행동과 일치하지 않는다면 어떻게 될까? 코드와 설명의 불일치 원인은 크게 두 가지이다. 코드가 정확하지 않거나, 주석이 정확하지 않은 경우다(Tan, 2012).

이건 문제를 일으키는 제법 괜찮은 방법이다. 우선 이 문제를 해결할 때 고려해야 할 두 가지 경우가 있다는 이야기다(잊지 말자, 두 경우 모두가 문제일 수 있다!). 그리고 코드에 이런 불일치한 정보를 몰래 집어넣기가 어렵지 않다는 이야기이기도 하다.

다음 예제를 살펴보자.

```
/**
 @param message 출력되기 위한 메시지이다.
    만약 null을 담고 있으면 빈 메시지가 출력된다.
 */
public void displayMessage(String message)
{
   if (null == message) {
      message = "";
   }
   System.out.println(message);
}
```

여기까진 좋다. 자, 이제 이후 어느 시점에 이 메소드의 기능이 변경되었다고
생각해 보자. 특히 null 메시지는 더 이상 비어 있는 문자열을 출력하지 않는데,
주석은 그대로 유지한다.

```
/**
 @param message 출력되기 위한 메시지이다.
    만약 null을 담고 있으면 빈 메시지가 출력된다.
 */
public void displayMessage(String message)
{
   if (null == message) {
      return;
   }
   System.out.println(message);
}
```

슬프게도 주석과 코드가 일치하지 않는다는 것을 놓치기는 너무 쉽다. 코드 리뷰 때 동료가 어떤 코드가 변화했는지 잘 살펴보더라도, 변경되지 않은 내용을 간과하기 쉽다. displayMessage 메소드는 이제 더 이상 null 값을 처리하지 않는데, 주석을 믿고 개발한 개발자는 이 메소드를 사용할 때 문제가 있는 코드를 쉽게 만들어낼 것이다. 프로그램을 잘 작성하고자 하는 훌륭한 프로그래머조차도 이런 실수를 쉽게 저지를 수 있다.

☠ 구조화된 프로그래밍을 피하라

코드의 배치는 프로그램이 실행되는 방식에 거의 영향을 미치지 않는 코드의 형태를 말한다(탭 키나 코드 요소의 위치, 공백 같은 것들 말이다). 코드의 구조를 잡는다는 것은 실행 가능한 프로그램이 어떻게 정리되어 있는가 하는 것이다. 코드를 배치하는 것처럼, 프로그램의 구조도 정하게 되는데 이 과정에서 코드가 깔끔해질 수도 혹은 복잡해질 수도 있다.

다음 단계로 나아가기 전에 지난 역사를 한 번 살펴보자. 프로그래밍이 막 시작된 1970년대 혹은 그 이전에는 많은 프로그래밍 언어들이 구조적으로 만들어지지 않았다. 구조화되지 않은 프로그램을 통한 프로그램 실행의 흐름 제어는 매우 간단한 if나 goto라고 불리는 코드 이동을 통해서 이루어졌다. 개별 코드에는 라벨이나 줄 번호가 붙어 있다. goto문은 목적 코드 줄을 바로 변경할 수 있다.

만약 당신이 'Choose Your Own Adventure'라는 책을 읽었다면, "고블린과 싸우기를 원한다면 231페이지로 가라, 도망가고 싶다면 193페이지로 가라"와 같은 문장을 봤을 것이다.

예를 들어, BASIC[9]이라는 옛 언어로 작성된 프로그램이 있다고 생각해 보자. 이 프로그램은 1과 10 사이를 왔다 갔다 하며, 각각의 라인이 짝수인지 홀수인지 알려 준다.[10]

---

[9] Beginner's All-Purpose Symbolic Instruction Code의 약자로 1964년에 만들어진 프로그래밍 언어다(Kemeny and Kurtz, 1964).

[10] mod 연산자는 modulo의 약자이다. 이 연산자는 나누기의 나머지를 구한다. 만약 x를 2로 나눈 나머지가 0이라면, x는 짝수라는 의미이다.

```
10 let x = 1
20 if x > 10 then goto 90
30 if x mod 2 = 0 then goto 60
40 print x, "홀수"
50 goto 70
60 print x, "짝수"
70 let x = x + 1
80 goto 20
90 print "종료"
```

그림 2-1과 같이, 흐름 제어 다이어그램을 그리면서 이 프로그램의 흐름 제어 방식을 도식화할 수 있다.

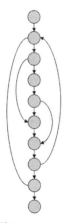

그림 2-1 BASIC 프로그램을 통해 본 흐름 제어

다이어그램에서 각각의 원은 프로그램의 각 줄을 의미하며, 화살표는 각각의 코드 줄 사이에 흐름이 어떻게 제어되는지를 보여 준다. 예시는 매우 작은 프로그램이지만, 벌써 코드의 제어 과정이 복잡해지고 있다. 이 구조는 임시로 만들어진 것이고, 프로그램의 시작부터 끝에 이르기까지 가능한 방법이 다양하게 존재한다.

수천 줄로 이루어진 더욱 거대한 구조화되지 않은 프로그램의 경우 더욱 많은 goto문이 존재할 거고, 스파게티 코드라고 불리는 꼬일 대로 꼬인 코드가 결과물로 나올 것이다. 마치 스파게티 가닥이 엉킨 것과 같은 결말을 맞이하게 될 것이다.

구조화된 프로그래밍은 goto문의 무분별한 사용을 막기 위해 등장하게 되었다(Dijkstra, 1968). 구조화된 프로그래밍은 모든 프로그램에서 순서, 조건, 반복 등의 표준화된 구조의 작은 집합을 사용하는 방식을 통해서 모든 프로그램을 작성할 수 있다고 주장한다. 이러한 구조는 그림 2-2에 표현되어 있다. 다이어그램 안의 개별 노드는 코드 한 줄을 의미할 뿐만 아니라, 여러 코드의 합(즉, 블록)을 의미할 수도 있다.

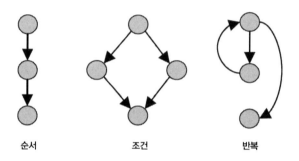

그림 2-2 기초적인 프로그래밍의 구조

자바 같은 언어에서는 if문이나 for를 이용한 반복문 등을 통해서 이런 구조화가 가능하다. 앞서 본 구조화되지 않은 프로그램은 goto문을 사용하지 않고 자바와 같은 구조화된 언어를 이용해 다음과 같이 작성할 수 있다.

```
for (int x = 1; x <= 10; x++) {
    if (x % 2 == 0) {
        System.out.println(x + "짝수");
    }
    else {
        System.out.println(x + "홀수");
```

```
        }
    }
```

이 결과물인 흐름 제어 다이어그램은 그림 2-3과 같이 적은 흐름을 가진 채 단순하게 그려질 수 있다.

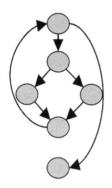

그림 2-3 자바 프로그램의 흐름 제어 다이어그램

☠ 여기저기 놔두어라

당신은 어떻게 하면 코드를 망칠 수 있을지 촉각을 곤두세우는 사람이기 때문에, 이 역사 수업 이후에 아마 goto문에 대해서 집중적으로 살펴봤을지도 모른다. 구조화를 돕는 장치를 끝장내 버리기 위해서 고민하고 있을지도 모른다.

잠깐 진정해 보자! 구조화되지 않은 프로그래밍은 이미 시장에서 대부분 밀려난 지 오래다. 구조적인 프로그래밍은 1960년대부터 개발 문화에 자리 잡기 시작했다. 그러니 이런 흐름과 싸우려는 것은 쉽지 않을 것이다.

보통의 상황에서 내 첫 번째 악마의 조언은 바로 goto문을 가능한 한 많이 쓰라는 것이다. 하지만 goto문은 이미 악명이 높기 때문에, 일반적으로 사용해서는 안 되는 나쁜 프로그래밍의 기준으로 여겨지고 있다. 많은 코딩 규칙이 이를 완전히 금지하거나(National Weather Service, 2007; JPL, 2009) 혹은 사용에 매우 부정적인 경우가 많다.

따라서 오늘날 goto문을 쓰려는 시도는 아주 쉽게 가로막힐 것이다. 심지어 오늘날 유명한 자바나 파이썬 같은 언어는 goto문이 존재조차 하지 않는데, 이 언어를 디자인한 사람들이 매우 고심해서 만들었기 때문이다. goto문을 허용하는 프로젝트들조차 아주 특수한 경우에만 사용을 허락하고 있다(kernel.org, 2017).

이런 경우에 goto문 사용을 시도하는 것조차 시간 낭비이기 때문에, goto문을 쓰기 위해서 노력하느라 고생하지 말라고 말하고 싶다. 대신, 구조적인 프로그래밍의 언저리에서 이런 프로그래밍의 근본적인 구조를 악용하는 방법을 택할 것을 권장한다. 이 책은 모든 챕터에 이를 돕기 위한 내용으로 가득 채워져 있다. 만약 조건과 관련하여 장난을 치고 싶다면 챕터 4로 가라. 동료가 반복의 늪에서 헤엄치는 것을 보고 싶다면 챕터 5로 가라. 바로 다음 글에서 간단히 다루겠지만, 서브루틴으로 끝장을 내 버리고 싶다면 챕터 6으로 가라.

☠ 한 덩어리로 두어라

구조적 프로그래밍에서 또 다른 중요한 요소 중 하나는 서브루틴으로, 작업을 수행하기 위해서 호출하는 하나의 코드 단위를 의미한다. 서브루틴은 간단한 코드나 함수, 자바와 같은 객체지향 언어의 경우에는 메소드 등 다양한 형태로 존재할 수 있다.

만약 코드를 서브루틴으로 만들어서 정리하지 않는다면, 프로그램은 하나의 거대한 문자로 이루어진 벽처럼 생겨 먹게 될 것이다. 여기서 해서는 안 되는 또 다른 규칙이 완벽하게 들어맞는다.

"일반적으로 클수록 더 좋다."

"클수록 더 좋다"는 문장을 보면 매우 흡족한 기분이 든다. 별로 질문할 필요도 없을 거 같다. 앞서 봤던 버블 정렬 코드를 서브루틴을 생략한 커다란 프로그램으로 만든다고 생각해 보자.

```java
Integer[] numbers = new Integer[5];
Scanner keyboard = new Scanner(System.in);
System.out.print("Enter filename > ");
String filename = keyboard.nextLine();
filename = filename.concat(".txt");
File inputFile = new File(filename);
BufferedReader reader = new BufferedReader
    (new FileReader (inputFile));
String text = null;
int i = 0;
while ((text = reader.readLine()) != null && i < 5) {
  numbers[i] = Integer.parseInt(text);
  i++;
}
reader.close();
for (i = 0; i < numbers.length; i++) {
  for (int j = 1; j < (numbers.length - i); j++) {
    if (numbers[j - 1] > numbers[j]) {
      Integer temp = numbers[j - 1];
      numbers[j - 1] = numbers[j];
      numbers[j] = temp;
    }
  }
}
for (i = 0; i < numbers.length; i++) {
  System.out.println(numbers[i]);
}
```

이것이 바로 흰 것은 좋으요, 검은 것은… 미안하다… 이 코드 덩어리는 숫자 정렬 외에도 적어도 4개의 추가 작업을 수행하고 있다.[11] 이를 이해하려면 개발자가 코드를 한 줄 한 줄 다 읽어야 한다. 이런 일이 생기면 그걸 리뷰해야 하는 개발자는 불필요한 시간을 소모해야 한다. 이 예시는 20줄에 불과하니 작은 프로그램이지만, 코드 숫자가 많아지면 많아질수록 이해하기는 점점 어려워진다.

❗ 주의하기!

코드가 무슨 일을 하고 있는지는 다양한 측면에서 말할 수 있다.

보다 세부적인 내용에 가까운 저차원에서는 한 문장 한 문장이 무엇을 하고 있는지 혹은 각각의 변수가 어떻게 바뀌는지 확인할 수 있다. 세부 사항과 거리가 먼 고차원에서는 코드의 목적에 대해서 설명할 수 있다. 이런 경우에는 미주알고주알 설명하는 것이 아니라 개념적인 측면에서 접근한다.

버블 정렬에 대해서 다시 한번 생각해 보자. 저차원에서는 이 코드가 i와 j라는 두 인덱스를 어떻게 관리하는지 얘기할 수 있다. 각각의 인덱스는 배열 번호의 특정 값을 가리키는 포인터로써 동작한다. 한 개의 반복문에서 한 배열을 도는 동안 특정 시점의 값에 대해서도 설명할 수 있다. 고차원에서는 전체를 한 덩어리로 묶어서 (변수나 if문, 반복문 등에 대해서는 설명하지 않고) 그 전체가 무엇을 말하는지를 얘기할 수 있다. 그런 다음, 코드가 버블 정렬을 수행해서 정수 배열을 오름차순으로 정렬한다고 말하면 끝이다.

개발자들은 필요에 따라 고차원과 저차원을 왔다 갔다 하는 것을 좋아한다. 저차원의 세부 사항에 방해받지 않고 고차원에서 이 프로그램이 무엇을 하려고 하는지만 먼저 생각할 수 있다. 그 이후에 코드 중 흥미로운 부분으로 내려가서 저차원에서 세부 내용을 어떻게 작동시킬지 확인하기도 할 것이다. 예를 들자면, 버그를 찾거나 최적화하는 것 등을 생각하는 것이다.

서브루틴은 개발자에게 유연성을 제공한다. 코드를 서브루틴으로 쪼개지 않으면 시시콜콜한 세부 사항에 모든 사람이 묶이게 되고, 고차원적으로 생각할 수 없게 된다.

지난 예제와 같은 거대한 모노리스[12] 형태의 프로그램은 서브루틴을 이용하여 다시 작성할 수 있다. 다시 작성된 예제는 다음을 포함해야 한다.

---

[11] 여기서 추가적인 안 좋은 개발 방식을 찾아볼 수 있는데, 다음 챕터를 읽고 나면 자연스레 깨닫게 될 것이다.

[12] (역주)작게 나눠지지 않고 거대하게 한 덩어리로 짜인 프로그램을 말한다.

- 몇 가지 새로운 서브루틴을 생성할 것
- 관련 있는 코드를 각각의 서브루틴으로 묶을 것
- 서브루틴 호출을 연결할 것

이를 적용하면 다음과 같다.

```
Integer[] numbers = new Integer[5];
String filename = askUserForFilename();
File inputFile = openFile(filename);
readNumbersIntoArray(inputFile, numbers);
bubbleSort(numbers);
outputNumbers(numbers);

// ...

public String askUserForFilename()
{
  Scanner keyboard = new Scanner(System.in);
  System.out.print("Enter filename > ");
  String filename = keyboard.nextLine();
  filename = filename.concat(".txt");
  return filename;
}
```

이제 프로그램이 어떻게 작동하는지 한눈에 이해하기 쉬워졌다.

서브루틴을 작성하는 또 다른 중요한 이유는 같은 코드를 두 번 작성하는 것을 방지하기 위해서다. 개발자들은 대체로 코드 중복을 싫어한다. 이유로 말할 것 같으면, 이전 코드가 수정돼서 숫자 배열을 두 번 출력한다고 가정해 보자. 한 번은 정렬 전에, 그리고 또 한 번은 정렬 이후에 말이다.

- 서브루틴을 쓰지 않으면 배열의 내용을 출력하기 위한 코드를 다시 써야 한다.
- 서브루틴을 쓰면 outputNumbers 메소드에 담아서 한 번만 작성하면 된다.

물론 엄청나게 업무량을 줄여 주지는 않지만, 보상은 여기에서 오는 것이 아니다. 보상은 나중에 배열 내용을 출력하는 방식을 변경해야 할 때 온다. 만약 코드가 서브루틴에 담겨 있다면 이 코드를 한 번만 변경하면 된다. 만약 반대의 경우라면 출력에 관한 코드가 중복되어 있고, 중복된 모든 코드를 찾아서 한 번에 업데이트해 줘야 한다. 물론 모든 중복 코드가 빠지지 않고 동일하게 바뀌어야 하는 것은 두말할 필요도 없다. 코드가 중복될수록 수정하는 것이 얼마나 어려울지, 그리고 중복 코드가 얼마나 빠르게 퍼져나갈지는 따로 설명하지 않아도 알 것이다. 이것이 바로 안 좋은 개발자가 되기 위한 해서는 안 되는 규칙 뒤에 숨어 있는 동기이다.

"중복하라! 그리고 이것을 퍼트려라. 절대로 한 곳에서 관리하지 마라."

서브루틴은 챕터 6에서 더 자세히 다뤄 보도록 하자.

Memo

3

변수

목표

- ☑ 안 좋은 변수명으로 대혼란 빚어내기
- ☑ 헷갈리는 방법으로 변수 선언하기
- ☑ 변수의 범위를 느슨하게 하면 문제가 발생하는 이유
- ☑ 프로그래밍 언어의 타입 시스템을 오용하는 방법
- ☑ null의 힘을 이용하여 문제 일으키기

사전에 알아야 하는 것들

- ☑ 정수, 문자열과 같은 다양한 자료형

챕터 소개

변수가 없는 세상에 개발자가 존재할 수 있을까? 변수가 없다면 프로그램이 작동하는 과정에서 정보를 기록하고 추적할 방법은 없다.

변수는 프로그래밍에서 아주 기본적인 부분이기 때문에, 변수를 악용하는 수많은 방법을 배우는 것은 매우 즐거운 일이 될 것이다. 이번 챕터에서는 그중에서도 정말 악명 높고 딱 봐도 안 좋은 예제들을 살펴보도록 하자.

01 | 불명확한 이름 사용하기
- 직관적인 이름은 쓸모가 없다

컴퓨터 과학에서 어려운 세 가지가 있다. 바로 캐시 무효화, 변수명 짓기, off-by-one 에러다.

- Phil Karlton

많은 개발자들에 의해 널리 인용되는 이 문구는 당신에게 엄청나게 멋진 예감을 안겨 준다. 즉, 개발자들이 변수명을 정하는 데 어려움을 느낀다면, 잘못 작성하기도 매우 쉽다는 의미다.

☠ 모두 의미 없이 두어라

대부분의 프로그래밍 언어에서 변수명은 개발자가 원하는 길이로 설정할 수 있다. 그런데 대체 왜 편집기에서 긴 변수명을 치느라 시간을 낭비해야 하나?

이걸 한 번 생각해 보자. amount라는 이름의 6자짜리 변수가 있다. 만약 당신이 이 변수를 프로그램 전체에서 20번을 입력해야 한다면, 무려 120번이나 키보드를 두드려야 한다는 의미다. 그런데 만약 이걸 a라는 변수로 줄인다면, 매번 5번의 키보드 입력을 줄일 수 있고, 다 합치면 100번이나 키보드 입력을 줄일 수 있다는 이야기다. 그렇게 아낀 시간에 무엇을 더 이룰 수 있는지 생각해 보라.

잘 생각해 보면 별 의미 없는 힌트를 변수명에다 남겨 놓는 위험을 감수할 필요가 없다. 훌륭한 동료라면 a라는 변수를 보고 amount를 떠올릴 수 있을지도 모른다. 그러니 그냥 아무 알파벳이나 쓰면 된다. 이렇게 하고도 알파벳은 25개나 남았다.[1]

---

[1] (역주)알파벳은 총 26개이다.

이 전략의 장점은 바로 한계가 없다는 점에 있다. 26개의 알파벳을 모두 써버렸다면? 그 뒤에 다른 문자를 하나 덧붙이면 된다. aa나 x1 같은 것이면 충분하다.

⚠ 주의하기! ···

최근 개발 환경에서 많은 IDE가 자동 완성 기능을 제공하기 때문에, 변수명을 줄여서 쓸 필요가 없다. 코드 리뷰어들은 다른 사람들이 이 변수가 무엇을 의미하는지 이해하기 위해서 앞의 코드를 거슬러 올라갈 필요가 없도록, 변수가 제대로 된 의미를 전달해야 된다고 이야기한다. 제대로 된 의미가 담긴 변수를 사용한다면, 동료들은 코드가 무슨 일을 하는지에만 집중할 수 있다.

아래 예시를 살펴보자.

```java
int a = 10000;
Map<String, Double> p = new HashMap<>();

for (int i = 0; i < 193; i++) {
    int q = getCountryPopulation(i);
    int b = getCountryArea(i);
    String n = getCountryName(i);

    if (q > a) {
        double r = q / b;
        p.put(n, r);
    }
}
```

이 코드는 면적이 10,000 제곱킬로미터보다 큰 나라별 인구 밀도를 계산하고 있다. 그리고 결과를 map에다 집어넣는다. 만약 이 코드를 다음처럼 더 명확한 변수명과 함께 작성한다면 더 이해하기 쉬울 것이다.

```java
final int minimumArea = 10000;
Map<String, Double> populationDensities = new HashMap<>();

for (int i = 0; i < 193; i++) {
    int population = getCountryPopulation(i);
    int area = getCountryArea(i);
    String name = getCountryName(i);
```

```
if (population > minimumArea) {
    double populationDensity = population / area;
    populationDensities.put(name, populationDensity);
    }
  }
```

리뷰어들은 특별한 경우에는 변수명을 줄이는 데 예외를 두기도 한다. 예를 들어, 반복문을 사용할 때 index 변수는 i나 n으로 쓰는 것을 허용하는 것이 일반적이다. "일반적으로 작성하는 방식을 따르라"는 말을 듣게 될 수도 있다.

하나 더 살펴볼 것은, minimumArea가 변수가 아닌 상수로 작성되었다는 사실이다. 어떤 값이든 프로그램 전체에서 변하지 않는 것이라면 상수로 정의하는 것이 좋다. 이 방법을 통해서 실수로 그 값이 변경되는 것을 피할 수 있다.

☠ 모음을 없애라

한 글자로 된 변수명을 사용하면 "더 이해 가능한 이름으로 작성해 주세요!"와 같은 메시지와 함께 코드가 빠르게 되돌아올 가능성이 크다. 하지만 이것으로 최악의 변수명을 짓기 위한 당신의 도전이 끝났다고 생각할 필요는 없다.

의도적으로 변수명을 혼란스럽게 만들고 다른 사람을 열받게 할 수 있는 다른 기술 하나는 변수명에서 첫 글자를 제외한 모음을 전부 제거해 버리는 것이다. 아래와 같은 아름다운 결과를 살펴보자.

+ velocity는 vlcty로
+ volume은 vlm로
+ count는 cnt로
+ price는 prc로
+ quantity는 qntty로
+ total은 ttl로

줄어든 단어가 얼마나 간략한지 그리고 기존의 단어와 얼마나 유사한지 느낄 수 있겠는가? 이 정도의 변화는 당신이 이 정도면 충분하다고 주장할 수 있을 만큼의 단어 형태의 유사성을 가지고 있으면서도, 동시에 동료들이 그 의미가 무엇인지 지속적으로 재확인하느라 머리가 아프게 만든다. 이 기법을 사용할 때 최고의 이점은 바로 당신이 규칙을 따르고 있다는 점이다. 코드 리뷰어들이 더 긴 이름을 원했고, 이제 당신은 그것을 지켰다!

🚫 주의하기!

좋은 개발자는 축약형 변수명을 사용하지 않는다. 몇몇 코딩 스타일 가이드는 아래와 같은 것들을 이야기한다.

- 이름을 줄여야만 한다면, 단일 컨텍스트상에서 지역 변수로 제한한다(GNU, 2016).
- 축약형 변수명, 단어 안의 글자들을 삭제하지 마라(Google, 2017a).
- 일반적으로 통용되는 num 혹은 url과 같은 축약형 단어를 코드 전체에 일관적으로 사용하라. 코드에서 전체형과 축약형 사이를 오가지 마라(Apple, 2013).

🐛 변수명을 대충 지어라

개발자들은 문제 해결사다. 만약 변수명을 정하는 것이 어려운 문제라면, 해결책은 명확하다. 바로 그 일을 하는 데 들이는 시간을 최소화하면 된다. 이름을 아무렇게나 지어 버리고, 작명 과정에 별다른 노력을 쓰지 않으면 문제는 해결된다. 어떻게 하면 최대한 시간을 절약할 수 있을까?

한 가지 방법은 변수의 타입을 변수명으로 그대로 가져다 쓰는 것이다. 다음의 변수명이 얼마나 충격적으로 무의미한지 살펴보자.

```
String string;
int number;
boolean flag;
```

이제 누군가 리뷰를 한다고 생각해 보자. 그들은 "무슨 number란 말이야?" 혹은 "그래. 이건 flag고, Boolean 타입이네. 그래서 이게 뭘 표시하고 싶다는 거지?"라고 소리 지르게 될 것이다. 마음이 따뜻해지는 게 느껴지지 않는가?

쓸모없는 변수명을 짓는 다른 방법은 이름을 모호하게 짓는 것이다. 정수형 변수명을 count로 짓거나 서브루틴을 doProcess와 같이 짓는다면 성공적으로 다른 사람들을 짜증나게 할 수 있다.

02 | 변수 선언을 시간 낭비로 여기기

자바와 같은 정적 언어에서는 변수를 사용하기 전에 선언해야 한다. 변수를 선언하고 초기화하는 과정은 일반적으로 대부분의 아주 명확한 코딩 규정에 명시되어 있다. 그런데 누가 그딴 걸 읽어 볼 시간이 있겠는가? 손쉽고 빠르게 변수의 선언을 망칠 수 있는 방법을 알아보자.

☠ 혼란스럽게 하라

당신은 변수를 선언하는 과정이 혼란의 씨앗을 뿌리기에 적절한지 아닌지 아직 알아채지 못했을 수도 있다. 최종적으로는 이것이 매우 단순하고 문제가 없는 것처럼 보이기 때문이다. 하지만 실제로 단순히 한 줄에 여러 변수를 선언하는 것만으로도 제법 혼란스럽게 할 수 있다. 이 예시를 살펴보자.

```
int scoreBob, scoreJohn = 10;
```

이 코드를 실행하면 Bob과 John 모두가 10점의 점수(score)를 갖게 된다. 그렇지 않은가? 틀렸다. John만 10점을 갖게 된다. 왜냐면 John의 변수는 선언되면서 초기화되었지만, Bob의 변수는 선언만 되고 초기화되지 않았기 때문이다. 자바에서 초기화되지 않은 변수 int는 0의 값을 갖는다. 이 경우에 불쌍한 Bob은 아무런 점수를 갖지 못하고 끝나게 되는 것이다.

❗ 주의하기!

변수 선언에 관해서는 코딩 규칙과 관련된 문서들을 찾아서 아주 깊게 이해하고 있어야 한다. 예를 들어서, 대부분의 규칙은 변수를 선언할 때 한 줄에 하나의 변수만 선언해야 하는지에 대한 질문의 여지조차 남기지 않는다(Long, 2013). 이 질문에 대한 대답은 물론 가능한 한 언제나 한 줄에 변수를 하나만 써야 한다는 것이다.

```
int scoreBob = 10;
int scoreJohn = 10;
```

☠ 청개구리처럼 행동하라

한 사안에 대해서 합의된 규칙이 없는 경우들이 종종 있다. 가령, 어떤 프로젝트에서는 A 방법을 사용하고, 다른 프로젝트에서는 B라는 방법을 사용한다. 이런 방식은 말썽을 일으키기 좋아하는 개발자에게 딜레마를 일으킬 수 있다. 매번 규칙이 달라지면, 어떻게 규칙을 어길 수 있단 말인가?

간단하다. 항상 반대로 하면 된다. 한 프로젝트에서 어떤 규칙을 사용하는지 확인하고 그와 반대로 해라. 앞서 말했던 해서는 안 되는 규칙을 기억하자. **"일관성을 버려라."**

변수 선언은 이것의 좋은 예시가 될 수 있다. 변수 선언과 초기화가 함께 이뤄져야 한다거나 변수의 첫 번째 사용에 가깝게 이뤄져야 한다는 것은 때에 따라 다르다. 오라클의 자바 코딩 규칙에 따르면, 모든 변수 선언은 코드 블록 가장 앞에 이뤄지고 초기화는 나중에 이뤄줘야 한다고 충고하고 있다(Oracle, 1999). 반면, 구글의 자바 코딩 규정에 따르면 변수 선언과 초기화는 가능한 한 변수가 처음 사용되는 곳과 가까워야 한다고 조언한다(Google, 2017b). 개인적인 경험에 따르면, 사람들은 후자의 방식을 선호하고 주요 개발서에서도 이를 따르고 있다(Martin, 2009; McConnell, 2004).

그러니 만약 당신도 후자의 방식을 선호한다면, 변수 선언과 초기화를 분리하라. 변수 선언은 코드 첫 줄에 놓고 변수 초기화는 코드 중간의 어딘가에 놓도록 노력하라. 그 변수가 어디에도 사용되고 있지 않은 코드 사이라면 더욱 좋다. 그리고 그 변수의 실제 첫 사용을 최대한 떨어트려 놓도록 하자.

이제 이런 코드를 읽게 되는 사람은 다음과 같은 생각을 하게 될 것이다.

+ 선언된 int foo 변수를 처음 보면서 "이 코드는 foo라는 정수형 변수를 가지고 있군"이라고 생각할 것이다.
+ 코드를 계속 읽어 나가면서 다른 내용에 빠져든다.
+ 이후, foo 변수의 초기화를 보게 된다. "오, 여기가 foo가 사용되는 곳인가 보다. foo가 있다는 걸 까먹었네."
+ 이 지점에서 그들은 foo에 대한 언급이 변수 근처에 없다는 사실에 혼란스러워하기 시작한다. 그러면서 그 코드가 전체적으로 무엇을 하는 것이었는지 까먹고, 아주 즐겁게 분노할지도 모른다.

03 | 변수의 적용 범위를 최대화하기

변수의 범위는 프로그램의 어떤 부분이 해당 변수에 접근 권한이 있는지를 보여 준다. 좁은 범위는 변수가 작은 부분에서만 사용된다는 것을 의미하고, 넓은 범위는 해당 변수가 모든 곳에 사용되는 것은 아니더라도 코드 전반에 걸쳐서 사용된다는 것을 의미한다. 이 절에서는 가능한 한 넓은 범위를 주는 것이 변수에 얼마나 끔찍한 결과를 가져오는지 알아보도록 하자.

아주 넓은 범위

아주 오랫동안 많은 프로그래밍 저서들에서는 변수의 범위를 가능한 한 좁히라고 추천해 왔다. 하지만 왜 나만의 스타일을 멈춰야 하나? 미래에 코드의 다른 부분에서 해당 변수를 언제 어떻게 사용할지는 모를 일이 아닌가? 그렇다면 변수를 모든 범위에서 사용할 수 있도록 만들어 버리면 되지 않은가?

아래 예시를 살펴보자. 기본적인 도형을 그리는 클래스의 한 부분이다.

```java
import com.acme.drawing.Renderer;

public class Shapes {
    public String color = "white";
    public Point center;
    public int radius;

    public void drawCircle() {
```

```
    Renderer.drawCircle(center, radius, color);

  }

}
```

color, center, radius 변수가 Shapes 클래스 안에 정의되어 있다. 이것은 이 변수들이 비교적 넓은 범위를 가지고 있다는 것을 의미한다. Shapes의 객체를 만들자마자 이 변수들은 존재하고, Shapes 안의 모든 함수는 이 변수에 접근할 수 있다.

아래에, Shapes를 사용하여 흰색 각막과 검은색 눈동자로 양 눈을 그리는 코드가 있다.

```
public void drawEyes() {
    Shapes shapes = new Shapes();

    // 왼쪽 눈을 그린다
    shapes.center = new Point(50, 50);
    shapes.radius = 20;
    shapes.drawCircle();

    // 왼쪽 눈동자를 그린다
    shapes.color = "black";
    shapes.center = new Point(50, 50);
    shapes.radius = 10;
    shapes.drawCircle();

    // 오른쪽 눈을 그린다
    shapes.center = new Point(100, 50);
    shapes.radius = 20;
    shapes.drawCircle();
```

```
    // 오른쪽 눈동자를 그린다
    shapes.color = "black";
    shapes.center = new Point(100, 50);
    shapes.radius = 10;
    shapes.drawCircle();
}
```

훌륭하지 않은가? 만약 코드를 꼼꼼하게 살펴보지 않았다면 그림 3–1과 같은 모습을 기대할 것이다. 하지만 실제 코드는 버그를 가지고 있어서, 그림 3–2와 같은 모습을 보인다.

그림 3–1 부엉이 눈   그림 3–2 어안

❗ 주의하기!

이 예시의 문제점은 왼쪽 눈동자를 그리고 난 이후에, 검은색이 남아 있는 상태로 두 번째 눈을 그렸다는 데 있다. 이는 변수가 불필요하게 넓은 범위를 가졌을 때의 문제, 즉 상태를 아주 조심해서 다뤄야 할 필요성을 보여 준다. 변수의 범위를 넓히면 개발자들은 더 많은 것들을 신경 써야 하고, 에러가 발생할 가능성은 커진다.

Shapes 클래스는 다음과 같이 작성할 수 있다.

```
public class Shapes {
    public void drawCircle(Point center, int radius, String color) {
        Renderer.drawCircle(center, radius, color);
    }
}
```

이제 변수들은 함수의 참조 변수가 되었고 세 변수의 범위는 함수 안으로 제한되었다. 각각의 변수는 오직 drawCircle 함수 안에서만 사용할 수 있다. 그리고 함수는 다음과 같이 사용될 수 있다.

```
Shapes shapes = new Shapes();
shapes.drawCircle(new Point(50, 50), 20, "white");
shapes.drawCircle(new Point(50, 50), 10, "black");
shapes.drawCircle(new Point(100, 50), 20, "white");
shapes.drawCircle(new Point(100, 50), 10, "black");
```

이제 함수를 호출할 때 전체 상태를 걱정하지 않고도 사용할 수 있게 되었다. drawCircle이 제대로 동작하는 데 필요한 것은 함수가 실행될 때 생성되었다가 종료될 때 없어진다. 아래는 변수 범위를 줄임으로써 얻는 몇 가지 장점이다.

- drawCircle을 호출할 때 상태를 설정하는 것 같은 일을 하지 않아도 된다.
- 여러 함수가 같은 변수를 공유할 때 발생하는 예기치 않은 부작용을 걱정하지 않아도 된다.
- Shapes 클래스 내부에서 어떻게 작동하는지 몰라도 되고, 그저 함수를 호출하기만 하면 된다.

동료 개발자들은 가능한 한 좁은 범위의 변수를 사용하는 것을 선호할 것이다. 필요하다면 이후에 변수의 범위를 넓히면 된다. 대개 변수의 범위를 넓히는 작업이 범위를 좁히는 작업보다 시간이 적게 소요된다.

- -

☠ 전역 변수를 사용하라

전역 변수는 가장 넓은 범위를 가지는 변수로, 프로그램의 모든 부분에서 접근이 가능하다. 전역 변수는 거의 goto문과 비슷한 수준의 악명을 얻었는데(챕터 2), 자바와 같은 일부 언어에서는 지원조차 하지 않는다.

전역 변수를 이해하기 어려운 코드의 원인으로 말하는 경우, 대체로 이전에 보았던 것처럼 더 많은 프로그램에서 접근할 수 있게 되면서 변수의 상태 관리가 점점 더 어려워지는 점을 든다. 전역 변수는 이런 문제를 극대화하는 효과가 있다. 결과적으로 관리가 되지 않는 상태와 예측되지 않는 작동의 소용돌이 속에서 고통받게 될 것이다.

자바는 전역 변수를 허용하지 않지만, 자바에서도 이런 전역 변수의 즐거움을 맛볼 수 있는 트릭이 존재한다. 다음은 프로그램 어디에서든 접근할 수 있는

scores라는 변수를 만드는 코드이다.

```
class HighScores {
    public static int[] scores = new int[3];
}
```

이 클래스는 비디오 게임에서 획득한 세 개의 높은 점수를 시간 순서대로 저장한다. 게임의 결과 또한 아래와 같이 보여 줄 수 있다.

```
class Game {
    public void showLeaderboard() {
        // 숫자 순서대로 점수를 표시한다
        LeaderBoard table = new LeaderBoard();
        table.showScores();
    }
    public void showScoreHistory() {
        // 시간 순서대로 점수를 표시한다
        HistoryBoard table = new HistoryBoard();
        table.showScores();
    }
}
```

세 명의 사람이 게임을 했고, 각각 150, 120, 240점을 순서대로 획득했다고 치자. 그리고 다음 선수는 showScoreHistroy 함수를 호출하는 점수 결과 목록을 선택했고, 아래와 같은 결과를 볼 수 있었다.

1. 150
2. 120
3. 240

그리고 나서 showLeaderboard 함수를 호출하는 순위표를 선택했고, 예상한 것처럼 결과는 아래와 같았다.

1. 240
2. 150
3. 120

그런데 점수 결과 목록을 다시 선택하자 무엇인가 이상한 일이 벌어졌다. 아래 결과를 보자.

1. 240
2. 150
3. 120

무엇이 잘못되었는가? HistoryBoard 클래스 안을 살펴보자.

```
class HistoryBoard {
  public void showScores() {
    for (int i = 0; i < 3; i++) {
      System.out.println(HighScores.scores[i]);
    }
  }
}
```

여기에는 별로 이상한 것이 없다. 그렇다면 LeaderBoard 클래스는 어떤가?

```
class LeaderBoard {
  public void showScores() {
    Arrays.sort(HighScores.scores);
    for (int i = 0; i < 3; i++) {
      System.out.println(HighScores.scores[i]);
    }
```

```
        }
    }
```

아하! LeaderBoard가 scores 배열을 표시하기 전에 정렬해 주고 있다. 이것이 기존의 순서를 흐트러뜨리는 예상치 못한 결과를 가져오게 되는 것이다. 그러니 HistoryBoard가 더 이상 생각대로 작동하지 않는 것도 당연하다.

04 타입 체계를 완전히 악용하기

프로그래밍 언어에서는 프로그램을 제대로 확인하기 위한 수단으로 타입 체계를 사용한다. 변수에 타입을 부여하는 것은 프로그램이 변수를 제대로 된 방법으로 사용하도록 강제하는 한 방식이다. 타입 체계는 우리의 친구다.

그런데 누가 친구가 필요하다고 했던가?

☠ 일반 숫자를 암구호로 사용하라

숫자는 다양한 방식으로 흥미롭게 오용될 수 있다. 일반적으로 사람들은 숫자가 어떤 종류의 수량을 의미한다고 생각한다. 그런데 솔직히 말하면 사람들은 그렇게 코드를 꼼꼼하게 살피지 않는다. 프로그래밍에서는 숫자에 가상의 의미를 부여하는 방식으로 숫자를 악용할 수 있다. 예를 들어, 어떤 수량을 의미하던 숫자를 당신만의 암호로 만들어서, 그 값 이상의 의미를 가지도록 할 수도 있다. 아래의 예시를 살펴보자.

```
int status_code = connect_to_device();

switch (status_code) {
  case 0:
    display_info(info_messages[1]);
    break;
  case 1:
    reattempt();
```

```
      break;
   case 2:
      display_warning(warning_messages[3]);
      break;
   }
```

connect_to_device라는 함수는 하드웨어 기기에 접속 후 상태 코드를 반환한다. 프로그램의 나머지 부분에서는 이 코드의 값에 따라서 무엇을 수행할지 결정한다. 그런데 코드에 아무런 주석이 담겨 있지 않기 때문에, 리뷰어들은 각각의 경우에 정확히 무슨 일이 일어나야 하는지 머리를 부여잡게 된다.

추가로, 이 프로그램은 여러 메시지를 배열에 담고 있는데, 이는 각각의 인덱스 숫자로 접근해야 한다는 뜻이다. 즉, 각각의 메시지가 무엇을 의미하는지 모호하다는 의미다.

❗ **주의하기!** ··

요즘에는 문제를 확인하는 데에 에러 코드보다는 예외가 일반적으로 권장되지만(챕터 7 참고), 특정 상황에서 상태 코드가 여전히 사용되는 경우가 많다. 그런 경우에는 조금 더 의미를 부여하는 것이 독자에게 도움이 될 수 있다.

예를 들어서, 자바와 같은 언어는 열거형 상수(enum)를 제공하기도 한다. 열거형 상수는 내부적으로는 숫자이긴 하지만, 개발자가 코드에 이름을 붙일 수 있도록 도와준다. 상태 코드는 아래처럼 바뀔 수 있다.

```
public enum DeviceStatus {
   SUCCESS = 0,
   WARNING_CONNECTION_SLOW,
   ERROR_NO_PINGBACK
}

DeviceStatus status = connect_to_device();

switch (status) {
```

```
case SUCCESS:
  display_info(info_messages[1]);
  break;
case ERROR_NO_PINGBACK:
  reattempt();
  break;
case WARNING_CONNECTION_SLOW:
  display_warning(warning_messages[3]);
  break;
}
```

이와 비슷한 작업을 메시지 목록의 인덱스 숫자에도 해줄 수 있다. info_messages[1] 대신 info_messages.CONNECTION_SUCCEEDED 같은 것을 써 준다면 훨씬 유용할 것이다.

☠ 문자열은 마법이다 - 문자열은 모든 타입이 될 수 있다

많이 사용하는 다른 타입들과 비교해서, 문자열은 값을 저장하는 데 제한이 거의 없다. Integer는 숫자만 저장할 수 있고, Boolean은 단 2개의 값만 저장할 수 있다. 하지만 문자열(string)은 제약 없이 문자 배열을 저장할 수 있다. 정보를 문자열 타입에 입력할 수 있음에도 왜 번거롭게 다양한 다른 타입의 모든 제약사항을 공부하는가? 혹시 문자열이 아닌 다른 타입에 바라는 게 있는가?

컴퓨터 게임에서 나침반에 방향 문자열을 입력할 필요가 있다고 가정해 보자.

```
If (key_pressed == "Up") {
  // Zilda라는 캐릭터가 북쪽을 향한다
  Zilda.direction = "North";
}
```

위 방법은 쉽게 사용할 수 있으면서도 쉽게 틀릴 수 있기 때문에 아주 좋은 접근 방법이다. 예를 들어, 캐릭터가 Rod of Sharathgar 마법봉 아이템을 사용할 때, 반드시 북쪽을 향한다고 해 보자. 테스트하면 다음과 같다.

```java
public boolean canUseRod() {
    if (zilda.direction == "north") {
        return true;
    }
    return false;
}
```

언뜻 보기에 이 코드가 괜찮아 보일지 몰라도, 자바에서 "North"와 "north"는 다른 값이다. 따라서 Zilda가 올바른 방향을 향하고 있더라도 위 코드의 if 구문은 실패하고, 절대로 마법봉을 사용할 수 없을 것이다.

⚠ 주의하기!

문자열은 값에 의미를 거의 부여하지 않기 때문에 제약이 없다. 문자열은 단지 문자들의 집합일 뿐이다. 제약이 적은 문자열은 당신이 원하는 정보를 아무런 의심 없이 저장할 수 있다. 이는 타입 체계가 제공하는 유효성 검증의 혜택을 누릴 수 없다는 의미이다.

예를 들어 방향을 표시하기 위해 문자열을 선택한다면 들어갈 수 있는 값으로 "north", "south", "east", "west"뿐만 아니라, "NoRth", "soiuth", "eest", "cuckoo"도 가능하다.

문자열 변수가 숫자형 데이터만 가지도록 되어 있는 경우, "100" 대신에 "l00"을 잘못 넣어도 아무런 문제가 없다. 이를 이용한 수학 연산은 불가능할 테지만 말이다.

당신 마음대로 해라. 하지만 적절한 타입을 사용하면 데이터에 의미를 부여할 수 있다.

☠ 마구 섞어서 사용하라

컬렉션의 장점 중 하나는 컬렉션에 담긴 각 항목에 대해 동일한 동작을 반복할 수 있다는 것이다. 이는 너무 단순해서 더 물을 필요도 없다. 그렇지 않은가?

아주 작은 부분에서는 맞다.

겉으로 보기에 매우 단순해 보일 수 있지만, 컬렉션 내에 여러 타입을 섞어서 쓰는 것과 같은 올바른(즉, 잘못된) 방법을 수행하면 내부에는 매우 장황하고 다루기 힘든 코드를 담을 수 있다.

일반적으로 당신의 동료들은 컬렉션이 한 가지 타입만을 가질 것이라고 예상한다. 그러니 다양한 타입의 객체가 포함되어 있다면 그들은 매우 불쾌해할 것이다. 최근에 나온 많은 언어들이 이러한 방법을 지원하고 있다. 예를 들어, 자바의 ArrayList를 ArrayList〈Object〉로 선언한 경우, 모든 타입이 Object로부터 상속되기 때문에 어떠한 타입의 객체도 모두 포함할 수 있게 된다.

환자 정보를 리스트에 담는 다음의 코드를 보자.

```
ArrayList<Object> patientInfos = getPatient();

String name = (String) patientInfos.get(0);
Date dob = (Date) patientInfos.get(1);
Integer weight = (Integer) patientInfos.get(2);

System.out.println("Name: " + patientInfos.get(0));
System.out.println("Date of birth: " + patientInfos.get(1));
System.out.println("Weight: " + patientInfos.get(2) + "kg");
```

이 코드에서 환자 정보 리스트는 0번째 위치에 String 객체를, 1번째 위치에 Date 객체를, 2번째 위치에 Integer 객체를 가진다. 이 중 하나의 객체가 예상치 못한 타입을 가진다면 객체에서 해당 타입으로 변환이 실패하고 런타임 에러가 발생할 것이다. 그 결과, 유연한 생성자를 가지기를 원했던 ArrayList는 남용되어, 다루기 어려우며 기록만을 위한 구조로 변할 것이다.

이런 경우에, 잘못된 위치에 잘못된 타입의 객체를 넣는 실수를 하기 쉽다. 추가로, 컴파일러는 보통 이를 잘못된 것으로 인식하지 않는다. 리스트 내에 잘못된 공간을 차지하고 있는 객체는 약간의 운이 있다면, 프로그램이 판매되고 난 후에 실행 시에 발견될 수도 있을 것이다.

⬣ 주의하기!

프로그램을 개발함에 있어서 중요한 기술 하나는 내장 타입이 사용자의 요구 사항을 충족시키지 못할 때, 이를 인지하고 자신만의 타입을 직접 만드는 것이다.

앞에서 다룬 예제는 프로그램이 새로운 타입을 디자인하라고 울부짖으며 나타내는 다양한 증상 중 하나이다. 이 경우, 서로 다른 몇 가지 타입의 값을 한꺼번에 포함하는 코드가 필요하다. 이러한 값들은 공통적으로 환자라는 하나의 개체를 묘사한다. 예제는 3개의 속성을 가지고 있는 고정된 구조로 개선되어야 한다. 객체지향 프로그램이라면 getName()과 getWeight() 메소드를 가지는 PatientRecord 타입의 객체를 만들어야 한다.

05 | NULL - 종말의 신호

null은 환상적이다. 이것은 매우 위험하고 오류를 발생시키기 쉽다. 심지어, 이를 발명한 사람조차도 인정한 것이다.

> 나는 그것을 나의 10억 달러짜리 실수라고 부른다... 내 목적은 모든 참조형 타입이 컴파일러에 의해 자동으로 검사를 수행하여 완벽하게 안전한지 확인하는 것이었다. 하지만 나는 단순히 구현하기 쉽다는 이유만으로 null 참조형을 넣는 것을 막지 않았다. 이는 수많은 오류와 취약점, 시스템 충돌을 불러왔고, 지난 400여 년간 아마도 수십억 달러의 고통과 피해를 줬을 것이다.

- Tony Hoare, 2009

Tony Hoare는 나이가 들면서 기가 죽은 걸지도 모른다. 반면에 우리는 혼돈을 포용해야 한다. null이 강력한 무기가 될 수 있으니, 당신은 이를 무기고에 넣어야 한다.

☠ null을 확인하지 말아라

말할 필요도 없다. null 확인을 하지 마라.

```
CustomerAccount c = getNextCustomer();
System.out.println(c.getSurname());
```

올바르게 보이는 이 코드는 CustomerAccount 객체를 가져오고, 고객의 surname을 출력한다. 하지만 코드 작성자는 게을렀고(나쁜 프로그래밍을 위한 언제나 좋은 접근법이다) CustomerAccount 클래스가 어떻게 동작하는지 확인하지 않았다. 만약 제대로 확인했다면, surname에 값이 할당되지 않은 경우에

getSurname 메소드가 null을 반환하는 것을 발견했을 것이다.

결국, 코드는 NullPointerException이 발생하기만을 기다리게 되었다.

☠ 재앙을 심어라

자신만의 서브루틴을 작성할 때, 가능하다면 확실히 null을 반환하도록 해라. 놀라운 방법들로 말이다.

+ 서브루틴에 의해 반환될 변수를 만들 때, 해당 변수를 null로 초기화해라.
+ 서브루틴이 "empty" 값을 반환해야 할 때, null을 반환해라.
+ 서브루틴의 사용자에게 null을 반환하는 경우에 대한 단서를 남기지 마라. 이는 사용자가 본인이 아는 선에서 서브루틴을 좀 더 견고하게 만들려고 하는 위험을 증가시킬 뿐이다.

❗ 주의하기! ···

null과의 싸움은 계속되고 있다. 코드 내에 null을 사용하는 것을 막으려는 매의 눈을 가진 리뷰어뿐만 아니라, 프로그래밍 언어들도 null의 잠재적 위험성을 줄이려는 시도를 하고 있다.

리뷰어는 당신 코드에 어떤 문제가 있는지 살펴볼 것이다. 그리고 충분히 주의를 기울인다면, null을 확인하지 않은 곳을 찾아내고 다음과 같이 다시 작성하라고 요구할 수도 있다.

```
CustomerAccount c = getNextCustomer();
if (c.getSurname() != null) {
   System.out.println(c.getSurname());
}
```

물론, 당신이 CustomerAccount 클래스를 작성했다면, 그들은 당신이 이 코드의 속성을 null이 아닌 빈 값으로 초기화되도록 동작을 변경하여 더 좋게 만들기를 기대할 것이다. 가령, account에 surname이 없다면, getSurname은 비어 있는 문자열을 반환해야 한다. 그리고 account에 credit card가 없다면, getCreditCards는 null 대신에 비어 있는 컬렉션을 반환해야 한다.

서브루틴이 반드시 null을 반환해야 한다면, 그것을 매우 명확하게 나타내야 한다. 이는 사용된 언어에 따라 달라질 수 있다. 예를 들어, 자바는 메소드가 반환하는 것에 대해 JavaDoc 주석으로 설명을 추가할 수 있다. 잠재적으로 null을 반환하는 경우의 주석은 다음과 같다.

```
/**
 * 고객의 성을 기준으로 계정을 검색한다.
 * @return 계정 객체를 반환하거나 계정을 찾을 수 없는 경우 null을 반환
 */
public CustomerAccount getAccountBySurname(
    String surname) {
  // ...
}
```

또한, 자바는 변수가 null 값을 가질 수 있는지 또는 메소드가 null을 반환할 수 있는지를 나타내는 @NotNull과 같은 주석을 지원한다(Oracle, 2014). 컴파일러나 IDE 같은 도구는 코드가 이 주석에서 기대한 동작과 일치하는지 확인하고, 그에 따라 컴파일 시에 문제가 있는 코드를 보고할 수 있다.

null에 대항하기 위한 또 다른 무기는 Optional 타입[2]이다. 값을 가지지 않을 가능성이 있는 변수(즉, null과 같은 값)를 캡슐화하고, 이럴 경우 프로그래머가 무엇을 해야 할지 고려하도록 만든다. 이는 null 검사를 수행해야 한다고 의식하는 것보다 잠재적으로 누락할 수 있는 값을 안전하고 쉽게 처리할 수 있게 해 준다.

다음 예에서 getGradeForStudent는 시험을 치르는 학생에게 할당된 성적을 반환한다. 하지만 학생이 아직 시험을 치르지 않았을 가능성도 있는데, 이 경우에는 성적이 없을 것이다. 따라서 getGradeForStudent는 Grade 객체 대신에 Optional<Grade> 객체를 반환한다.

```
// maybeGrade는 Grade를 가지고 있을 수도 아닐 수도 있다
Optional<Grade> maybeGrade = getGradeForStudent(studentNumber);

// Grade의 toString 메소드를 호출하거나
// 점수가 없는 경우에는 "Unassigned"를 반환한다
String grade = maybeGrade
    .map(Grade::toString)
    .orElse("Unassigned");
System.out.println(grade);
```

null 값을 가진 변수를 출력하려고 하면 오류가 발생하므로, Optional 타입은 먼저 grade의 toString 메소드를 호출하여 등급 문자열을 가져가려고 시도할 것이다. 값이 없는 경우에는 orElse 메소드의 값이 대신 반환될 것이다.

---

[2] 다른 언어에서는 유사한 생성자를 Maybe 타입이라고 부른다.

chapter

4

조건문

목표

- ☑ 엉망으로 구조화되고 불완전한 조건을 만드는 방법
- ☑ 비꼬아 놓거나 오류가 발생하기 쉬운 표현식을 작성하는 방법
- ☑ 중첩의 정의와 복잡한 코드를 작성하기 위해 이를 악용할 수 있는 방법

사전에 알아야 하는 것들

- ☑ for-each 반복문
- ☑ 자바의 기본 문자열 함수, 특히 equals, substring, length, charAt
- ☑ 자바에서 파일을 읽는 기본 개념
- ☑ 논리 연산자(&&, ||, !)

컴퓨터는 if문이나 select문과 같은 조건문을 통해 여러 가능성 중 하나를 자동으로 선택한다. 이는 여러분이 생각할 수 있는 거의 모든 언어에서의 프로그래밍과 기능의 기본이다. 따라서 조건을 망치는 방법을 배우면 어떤 프로젝트에도 반사회적인 기술을 전수할 수 있다.

이 챕터에서는 조건문을 잘못 사용하여 잘못된 조치를 취하거나 심지어 어떤 조치도 취하지 못하는 방법을 보여 줄 것이다. 또한 엉성하고 혼란스러운 코드 사이에 어떻게 자신의 흔적을 감추고 버그를 숨길 수 있는지 알게 될 것이다.

01 | 대안은 잊기

예기치 못한 상황에 당황하지 않을 만큼 용감한 사람은 없다.

- Julius Caesar

심리학은 나쁜 프로그래밍 습관을 추구하는 데 큰 도움이 될 수 있다. 인간의 사고에서 편견과 사각지대를 이용하면 문제 있는 코드를 다른 사람들이 눈치채지 못하게 작성할 수 있다.

☠ else가 뭐라고?

우리는 때때로 편협하게 생각한다. 예상 가능한 것만 고려하고 만일의 사태는 고려하지 않는 것이다. 이는 인간인 우리의 잘못이다. 그 결과, 프로그래머는 때때로 프로그램이 예상대로 실행되리라 생각하거나 다른 결과가 나오더라도 당연시한다.

인간과 달리 컴퓨터는 다른 결과가 생기리라 가정하지 않는다. 예를 들어, 움직이는 엘리베이터가 올라가지 않는다면, 그것이 내려가고 있다고 유추할 수 있는 상식을 가지고 있지 않다. 이것이 바로 신이 우리에게 else절을 준 이유이다.

물론, 이로 인해 당신은 프로그램의 실행을 관리하는 다양한 조건을 구상하고 어떻게 처리해야 하는지를 설명해야 하는 등 더 많은 일을 해야 한다. 이런 일들을 좋아하지 않는다면, 그렇게 하지 마라. 해서는 안 되는 프로그래밍의 한 가지 규칙은 당신에게 이렇게 말한다. **"어떤 것도 잘못되지 않는다고 가정하라."** 두말할 나위 없이, else절을 포함하지 않는 것이 버그가 많은 프로그램을 만드는 좋은 방법이다.

이를 설명하기 위해 두 가지 예를 들어 보자.

당신은 시험 점수를 평가하는 방법을 작성하라는 요청을 받았다. 규칙은 간단하다. 과목 점수가 60점을 넘으면 합격한다.

```
void calculateGrade(int score)
{
  if (score > 60) {
    grade = "Pass";
  }
}
```

우리는 테스트를 통과하지 못하면 낙제한다는 것을 이분법적 사고로 명확하게 알고 있지만, 컴퓨터는 그렇지 않다. 앞의 코드를 사용하여 점수를 계산한다는 것은 60점 이상의 점수를 받은 사람은 "통과"하고 나머지 사람은 아무것도 얻지 못한다는 것을 의미한다. 말 그대로 아무것도, 심지어 "낙제"도 말이다!

또 다른 예를 보자. listOfSpies.txt 파일에는 현재 현장에서 활동하고 있는 비밀 요원의 이름이 들어 있다. 당신은 그 파일에서 이름을 출력하는 코드를 작성해야 한다.

```
File f = new File("listOfSpies.txt");
System.out.println("Reading listOfSpies.");
outputFileMetadata(f);
BufferedReader br = new BufferedReader(new FileReader(f));
String line = br.readLine();

while (line != null) {
  system.out.println(line);
  line = br.readLine();
}
```

위의 코드는 일반적인 상황에서 작동하긴 하지만 그 일반적인 상황에는 listOfSpies.txt 파일이 실제로 존재하는 등 몇 가지 가정이 기본적으로 포함되어 있다. 실제로는 파일이 없을 가능성도 충분히 있다(미션 임파서블 영화를 봤다면 이런 일이 항상 일어난다는 것을 알 것이다). 이 코드는 이러한 만일의 사태에 대처하지 못하고 있다.

❗ **주의하기!** ···

일반적으로 이런 문제는 매우 쉽게 고칠 수 있다. 예를 들어, 낙제생에게 성적을 부여하기 위한 코드는 다음과 같아야 한다.

```
void calculateGrade(int score)
{
    if (score > 60) {
        grade = "Pass";
    }
    else {
        grade = "Fail";
    }
}
```

비밀 요원 명단이 없을 경우를 설명하기 위한 코드는 다음과 같이 고칠 수 있다.

```
File f = new File("listOfSpies.txt");
if (! f.exists()) {
    System.out.println("List of spies is missing!");
    setAlertLevel("Oh f**k!");
}
else {
    outputFileMetadata(f);
    System.out.println("Reading listOfSpies.");
    BufferedReader br = new BufferedReader(new FileReader(f));
    String line = br.readLine();
    while (line != null) {
        System.out.println(line);
```

```
      line = br.readLine();
   }
}
```

이 정도면 꽤 충분한 설명이고 전문적인 프로그래머라면 결코 그런 실수를 하지 않을 것이라 생각할지도 모른다. 그러나 당신이 틀렸다. 이런 실수는 놀라울 정도로 자주 발생한다. 실제로 한 오래된 연구에 따르면, 전문적으로 작성된 소프트웨어의 if문 중 50~80%에 else절이 없다는 것이 밝혀졌다(Elshoff, 1976).

일부 프로그래밍 매뉴얼에서는 else절이 비어 있는 경우에도 당신이 다른 대안을 고려했다는 것을 보여 주기 위해 일종의 관행처럼 else절을 추가하는 것을 권장하기도 한다(McConnell, 2004).[1]

💀 일반적인 것과 예외적인 것

여기 남용할 심리학 지식이 하나 더 있다. 인간은 일반적인 경우와 예외적인 경우를 고려할 때 직관적으로 선호하는 것이 있는데, 예외를 고려하기 전에 일반적인 경우의 예상 결과를 먼저 생각하는 경향이 있다(Pane and Myers, 2001).

이러한 직관을 뒤집는 것, 즉 일반적인 경우보다 예외적인 경우를 우선시하는 것은 당신의 코드가 독자의 기대에 어긋났음을 의미한다. 비밀 요원을 추적했던 이전 주의하기에서 같은 방법을 썼지만, 그 정도는 엉망진창이 될 가능성의 표면만 살짝 긁었을 뿐이다. 다음 코드를 확장된 버전이라 생각하자.

```
File f = new File("listOfSpies.txt");
if (! f.exists()) {
   System.out.println("List of spies is missing!");
   setAlertLevel("Oh f**k!");
```

---

[1] 개인적으로, 나는 그런 규칙을 엄격하게 고수하는 것은 지나친 처사라고 생각하지만, 적어도 else절은 고려할 가치가 있다.

```
    }
  else
  {
    System.out.println("Reading listOfSpies.");
    if (! f.canRead()) {
      // "파일을 읽을 권한이 없다!"를 출력
      System.out.println("Can't read file! Are you a foreign spy?");
    }
    else {
      outputFileMetadata(f);
      if (f.length() == 0) {
        // "파일이 비어 있다!"를 출력
        System.out.println("List is empty!");
      }
      else {
        BufferedReader br = new BufferedReader(new FileReader(f));
        String line = br.readLine();
        while (line != null) {
          outputAgent(line);
          line = br.readLine();
        }
      }
    }
  }
}
```

이 예제는 일련의 의사 결정으로, 각각의 새로운 예외 케이스를 처리한다.

사실, 이 예제는 두 가지 나쁜 습관을 가지고 있다. 그렇다. 예제는 예외적인 경우로 시작한다. 하지만, 일반적인 경우의 코드가 예외적인 경우의 코드와 어떻게 분리되어 있고 어떻게 섞여 있는지에 주목하라. 이렇게 하면 독자가 한 번에 하나의 케이스만을 고려할 수 없다. 코드를 이해하고자 할 때(그리고 바라건대 실패할 때) 일반적인 경우와 예외적인 경우 사이를 끊임없이 왔다 갔다 해야한다.

🛑 주의하기!

사람의 습관을 고려하면 코드를 더 쉽게 읽을 수 있다. 코드를 보다 읽기 쉽게 만드는 데에는 다양한 방법이 있다. 예를 들어, 케이스를 재조합하여 일반적인 케이스로 시작함으로써 사람의 직관을 따르도록 할 수 있다.

```
File f = new File("listOfSpies.txt");
if (f.exists()) {
  outputFileMetadata(f);
  if (f.canRead()) {
    System.out.println("Reading listOfSpies.");
    if (f.length() > 0) {
      BufferedReader br = new BufferedReader(new FileReader(f));
      String line = br.readLine();
      while (line != null) {
        System.out.println(line);
        line = br.readLine();
      }
    }
    // 여기까지 모두 정상이다.
    // 다음부터 모두 예외다.
    else {
    System.out.println("List of spies is empty!");
    }
  }
  else {
    System.out.println("Can't read file!");
  }
}
```

```
else {
    System.out.println("List of spies is missing!");
}
```

이 접근법도 나쁘지는 않지만, 조건의 수가 많아질수록 너무 많이 중첩될 수 있다.

다른 방법으로 보호절(guard clause)을 사용할 수도 있다. 모든 예외적인 경우를 일련의 if문으로 구분하고(각각 정상적인 경우의 실행이 불가능한지 확인하며), 서브루틴의 시작 부분에 둔다.

```
File f = new File("listOfSpies.txt");

// 3 개의 보호절은 다음과 같다.
if (! f.exists()) {
    System.out.println("List of spies is missing!");
    return;
}

if (! f.canRead()) {
    System.out.println("Can't read file!");
    return;
}

if (f.length() == 0) {
    System.out.println("List of spies is empty!");
    return;
}

// 일반적인 로직
System.out.println("Reading listOfSpies.");
outputFileMetadata(f);
BufferedReader br = new BufferedReader(new FileReader(f));
String line = br.readLine();
while (line != null) {
    outputAgent(line);
    line = br.readLine();
}
```

근본적으로, 각 보호절은 서브루틴으로 진행할지 아니면 문제로 인해 평상시처럼 로직을 중단할 것인지를 결정하기 위한 전제 조건이다.

☠ 사다리를 만들어라

때때로 일상에서는 상호배타적인 많은 대안 중에서 하나를 선택해야 하는 경우가 있다. 의사결정 프로세스는 다음과 같다. "A인 경우, 이렇게 하세요. 그렇지 않고 B인 경우에는 저렇게 하고 C인 경우에는 요렇게 하세요."

최소한의 계획만으로도 더 이상 생각하지 않고 설명에 맞는 코드를 구조에 넣을 수 있다. 이 경우에 있어서 if 사다리가 그렇다. 다음 예를 보자.

```
if (item.getType().equals("scannable")) {
    price = item.scanBarcode();
}
else if (item.getType().equals("produce")) {
    price = item.weigh();
}
else if (item.getType.equals("reduced")) {
    price = item.keyInPrice();
}
// 기타...
```

신중한 생각없이 if 사다리를 선택한다면, 더 나은 대안을 떠올리지 못하도록 할 수 있다.

┈┈┈┈┈┈┈┈┈┈┈┈┈┈┈┈┈┈┈┈┈┈┈┈┈┈┈┈┈┈┈┈┈┈

짧은 if 사다리는 심각한 문제를 거의 초래하지 않는다. 하지만 사다리가 점점 길어지기 시작한다면 더 나은 설계를 찾아야 한다. 부분적으로는 가독성뿐만 아니라(긴 사다리는 읽기만 힘든 게 아니다) 복잡성과 디자인에도 영향을 준다.

그림 4-1은 챕터 2에서 소개한 흐름 제어 다이어그램을 사용하여 이전 예의 if 사다리를 모델링했다. 여기서 복잡성을 보다 명확하게 볼 수 있다.

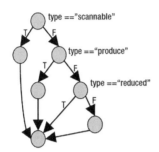

그림 4-1 if 사다리 예제의 흐름 제어 다이어그램

이런 상황에서 대안적인 구조로 switch문을 사용할 수 있다. 이는 여러 대안 중에서 선택하려는 의도를 독자에게 명확히 전달할 수 있고 코드의 혼잡도 줄인다.

```
switch (item.getType()) {
  case "scannable":
    price = item.scanBarcode();
    break;
  case "produce":
    price = item.weigh();
    break;
  case "reduced":
    price = item.keyInPrice();
    break;
  // 기타...
}
```

switch문의 흐름 제어 다이어그램을 보면 if 사다리보다 얼마나 더 간단한지 알 수 있다(그림 4-2).

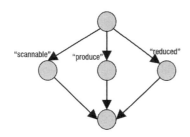

그림 4-2 switch문의 흐름 제어 다이어그램

그러나, switch문을 사용할 때는 신중해야 한다. 프로그래밍 언어마다 정확한 동작이 다르기 때문이다. 실제로, 일부 언어(자바 및 C/C++)의 switch문은 잘못 사용하면 상당히 지저분해질 수 있다. 예를 들어, 각 케이스의 끝에 있는 break문을 생략하면 switch문은 멋진 goto문이 된다.

객체지향 언어를 사용할 때, if 사다리와 switch문보다 효과적인 대안으로 다형성을 이용하는 것을 고려할 수도 있다.[2]

---

[2] 다형성에 대해서는 챕터 9에서 다룬다.

02 | 표현을 악용하기

프로그래밍에서 표현식은 값, 변수, 연산자 또는 함수 호출을 조합하여 만든다. 표현식은 계산 결과를 반환하기 위해 사용될 수도 있다. 예를 들어 1+3은 표현식이다. x*2나 pi*getRadius()*getRadius()도 마찬가지다.

프로그램이 다음에 무엇을 할지 결정할 때 이를 확인해야 하므로, 의사결정에 있어서 표현식은 필수이다.

☠ 고통스러운 표현 방법

표현식은 마음대로 길고 복잡해질 수 있다. 일반적으로 크기가 클수록 좋고, 복잡한 것이 단순한 것보다 낫다는 해서는 안 되는 규칙을 통해 우리는 "표현식을 길고 복잡하게 만들라"는 사실을 알 수 있다. 표현을 얼마나 고달프게 만드나는 우리의 상상력에 달렸으니, 마음껏 꿈꾸어라.

당신은 챕터 2에서 다룬 혼란스러운 코드로 표현식을 복잡하게 만들 수 있다. 복잡하거나 불필요한 코드를 넣음으로써 독자를 어쩔 줄 모르게 만들고, 그들이 이해하고자 하는 노력을 좌절시킬 수 있는 것이다.

규칙을 표현식으로 인코딩하여 SWIFT 코드[3]를 검증하는 다음 예를 보자.

```
// 예: "DEUTDEF1XXX"
String code = getSwiftCode();
```

---

[3] SWIFT 코드는 국제 거래 시 조직(예: 금융기관)의 고유 식별 코드이다.

```
// 라이브인지 테스트인지에 따라 L 또는 T
String mode = getMode();

if (((code.length() == 8 || code.length() == 11)) && (code.
substring(4,6).equals("DE")) && ((mode + code.charAt(7)).
equals("L1") || (mode + code. charAt(7)).equals("L2"))) {
    // 코드 불러오기
}
```

이해하기 어려운가? 좋다. 일부러 어렵게 쓴 거니까. 그리고 누구든 불평하는 사람이 있다면, 간단하게 이렇게 대답하면 된다. "SWIFT 코드를 검증하는 게 복잡하니 표현식이 복잡할 수밖에 없다. 내가 더 이상 뭘 할 수 있겠나?"

🛑 주의하기!

사실, 복잡한 아이디어를 묘사할 때도 더 읽기 쉽게 표현할 수 있다. 실제로, 당신은 표현식이 정말로 엉망이 되리라 예상할 것이다. 마지막 표현식이 읽기 어려운 이유는 다음과 같다.

- 한 줄에 너무 많은 식이 있다.
- 과하게 많은 괄호가 혼란을 가중시킨다.
- 중간값에 할당할 수 있는 하위 표현식을 반복하여 계산한다(예: mode + code. charAt(7)).

이런 문제를 해결하고 표현식을 쉽게 읽을 수 있는 방법이 있다. 먼저, 반복되는 하위 표현식을 중간 변수에 넣는다. 이 경우 mode + code.charAt(7)은 변수 tag에 저장된다.

```
String code = getSwiftCode();
String tag = getMode() + code.charAt(7);

if (((code.length() == 8 || code.length() == 11)) && (code.substring(4,6).
equals("DE")) && ((tag).equals("L1") || (tag).equals("L2"))) {
    // ...
}
```

그런 다음, 개별 규칙을 분리하여 라인별로 배치한다(CA-CAST, 2015).

```
String code = getSwiftCode();
String tag = getMode() + mode.charAt(7);

if (((code.length() == 8 || code.length() == 11)) &&
    (code.substring(4,6).equals("DE")) &&
    ((tag).equals("L1") || (tag).equals("L2"))) {
    // ...
}
```

다음으로, 개별 규칙은 서브루틴으로 이동될 수 있고, 메소드 호출로 대체될 수 있다(Martin, 2009).

```
String code = getSwitfCode();
String tag = getMode() + code.charAt(7);

if (((validLength(code))) &&
    (validCountry(code) &&
    (validMode(code, tag)) {
    // ...
}

// ...

private boolean validLength(String code) {
    return code.length() == 8 || code.length() == 11
}
private boolean validCountry(String code) {
    return code.substring(4,6).equals("DE");
}

private boolean validMode(String code, String tag) {
    return tag.equals("L1") || tag.equals("L2");
}
```

이렇게 하면 표현식이 짧아질 뿐만 아니라 함수명에도 관련된 의미 정보가 추가된다. 또한, 관련 없는 괄호들이 이제 확실히 보인다.

```
if (validLength(code) &&
    validCountry(code) &&
    validMode(code, tag))
```

이러한 간단한 단계들은 표현식의 가독성을 향상하는 데 큰 도움이 된다.

....

☠ 부정(negative)의 부정의 부정을... 안쓰지 말자

Sir Humphrey Appleby: 우리는 장관님이 하원에서 그것을 부인할 줄은 알 수 없었습니다.

James Hacker: 글쎄, 내가 모르고 질문을 받았다면 당연히 그랬을 거네.

Appleby: 우리는 장관님이 모르는 상태로 질문을 받을지 몰랐습니다.

Hacker: 하지만 나는 내가 모르는지 몰랐을 때 질문을 받을 수밖에 없었네.

Appleby: 뭐라고요?

- Yes, Minister, Series 1, Episode 3

부정적이지 않은 것이 어지러운 코드를 쓰지 않는 비효율적인 방법이라고 생각하지 않지 않는가? 이 질문을 이해했다면 이게 무슨 뜻인지 나에게 알려주길 바란다. 이걸 작성한 게 나임에도 질문을 이해하지 못했으니.

사실, 인간은 과도한 부정으로 고군분투하는 경향이 있다. 여기 좋은 소식이 있다. 자연어로 이중, 삼중, 사중 부정하여 어지럽게 만드는 재미를 프로그래밍 언어에서도 느낄 수 있다는 것이다. tic-tac-toe 게임의 메인 컨트롤 루프를 보자.[4] 조건이 충족되는 한 게임은 계속된다.

```
while (!(squaresUnavailable == 9 || !noLinesAchieved)) {
    // 다음 턴
}
```

---

[4] Noughts와 Crosses로도 알려져 있다.

조건은 다음과 같다. "유효하지 않은 정사각형의 수가 9개인 경우가 아니거나 어떠한 선도 완성되지 않지 않은 경우를 제외한 때에 루프가 동작한다."

이는 게임의 규칙을 정확하게 표현하고 있다. 하지만 Humphrey Appleby경의 입에서 나온 소리와 비슷하다. 변수는 부정적으로 표현되고, 그중 하나는 직접적으로 부정되며, 그 후 전체 표현식이 부정된다. 정신적으로 이 모든 것을 처리하기가 힘들다면, 그것은 당신이 인간이기 때문이다. 동료들을 혼란스럽게 만들고 좌절시키려면 과하게 부정을 사용해 표현식을 작성해라. 물론 그들도 인간일 것이라는 가정하에 말이다.

⚠️ **주의하기!**

실제로 당신이 염세가든 아니든, 인간은 긍정적으로 표현된 표현식을 더 잘 다루므로 부정적인 표현을 줄여야 한다.

수많은 부정으로 인해 사람들이 극심한 정신적인 고통을 겪는다는 것을 알게 된다면, 표현을 좀 더 긍정적으로 고쳐 말하는 것을 고려하게 될 것이다. 이를 도울 수 있는 도구 중 하나가 바로 드모르간의 법칙(De Morgan's Law)이라 불리는 논리학 법칙이다. 이는 두 개의 조항(A, B)을 포함하는 조건에서 다음을 할 수 있다.

1. 두 항목의 부정을 뒤집고
2. or 관계를 and로 변경하고(혹은 and를 or 관계로 변경) 전체 조건을 부정한다.
   순수하게 논리적 용어로는 다음과 같다.
   not A or not B와 not (A and B)는 같다.
   또한 not A and not B와 not (A or B)는 같다.

드모르간의 법칙을 적용한다는 것은 동일한 규칙을 좀 더 직관적으로 표현할 수 있다는 뜻이다.

```
while (squaresUnavailable != 9 && noLinesAchieved)
```

변수가 정보를 긍정적으로 표현하도록 하는 것도 고려할 수 있다.

```
while (squaresAvailable > 0 && !linesAchieved)
```

03 범위상에 공백을 넣거나 범위 겹치기

범위를 다루는 것은 오류에 대한 적절한 기반이 된다. 의도치 않게 범위를 겹치 거나, 사이의 간격을 간과하기 쉽기 때문에 대혼란이 발생할 수도 있는 것이다. 그 혼란을 어떻게 활용할 수 있는지 보자.

시범적으로, 여기서는 이전의 시험 채점 예제를 다시 살펴본다. 하지만 이번 에는 더 미묘하게 점수를 나눠 A등급에서 F등급까지의 점수를 부여한다.

```
if (score < 40) { grade = "F"; }
else if (score > 40) { grade = "E"; }
else if (score > 50) { grade = "D"; }
else if (score > 60) { grade = "C"; }
else if (score > 70) { grade = "B"; }
else if (score > 80) { grade = "A"; }
```

물론 우리는 한눈에 코드가 올바른 것처럼 보이게 하고 싶을 뿐이다. 이 작은 코드에는 실제로 몇 가지 버그가 있다.

우선, 간격이 일치한다. 각 등급의 커트라인은 명확해야 한다(80점 이상이 A를 받고, 70점 이상이 B, 40점 미만이면 낙제). 이 체계에서는 가능한 모든 점수가 설명된다. 40점만 빼고 말이다. 누군가는 등급이 없는 40점에 걸릴 수 있다.

두 번째 버그는 프로그래머가 코드가 단계적으로 실행된다는 사실을 간과하 고 대신에 if문을 일련의 규칙처럼 본다는 사실을 악용한다. 이는 초보자들 사이 에서 흔히 볼 수 있는 실수다(Pane and Myers, 2001).

다음 두 개의 테스트를 실행해 보자. 점수는 43점이라고 가정한다.

+ 첫 번째 조항 (if (score < 40))은 실패
+ 두 번째 조항 (else if (score > 40))은 성공. 정확한 등급은 "E". 나머지 if문은 무시된다.

이제 점수가 58점이라 가정해 보자.

+ 첫 번째 조항 (if (score < 40))은 실패
+ 두 번째 조항 (else if (score > 40))은 성공. 학생은 "E" 등급을 받고, 나머지 if문은 무시된다. 하지만 너무 빨리 일치했다. 이 절차대로라면 "E" 등급이 부여되지만, 우리는 58점이 "D" 등급이어야 함을 알고 있다.

⚠ 주의하기!

가능한 범위의 모든 값이 적절한 동작과 일치하지 않기 때문에 예제에 첫 번째 오류가 발생했다. 이에 대한 해결책은 잠시 후에 보게 될 것이다.

두 번째 버그는 점수를 맞추는 조건이 충분히 제한적이지 않았기 때문에 발생했다. 점수가 80점 이상인지 테스트하면 80과 100 사이의 모든 점수가 이에 해당한다. 40보다 높은 점수를 테스트하면 40과 100 사이의 모든 점수가 이에 해당한다. 조건을 적절하게 조정할 수 있는 두 가지 방법이 있다.

1. 일치하는 조건을 나열할 때 범위가 좁은 것부터 시작하여 점점 넓어지는 순서로 하거나,
2. 각 조건을 하한 및 상한 범위로 표현한다 (예: if (score > 40 && score <= 50)).

첫 번째 접근법을 선택하면 다음과 같이 버그를 수정한 새로운 코드로 표현할 수 있다.

```
if (score > 80) { grade = "A"; }
else if (score > 70) { grade = "B"; }
else if (score > 60) { grade = "C"; }
else if (score > 50) { grade = "D"; }
else if (score > 40) { grade = "E"; }
else if (score <= 40) { grade = "F"; }
// 40 이하의 점수는 낙제다.
// 마지막 또한 다음과 같을 수 있다: else { grade = "F"; }
```

또한 "F" 등급의 조건을 score <= 40으로 변경해서 첫 번째 버그를 수정한다. 자, 이제 더 이상 틈이나 중복은 없다.

Memo

5

반복문

☑ 서로 다른 타입의 반복문을 잘못된 상황에 대입하는 방법

☑ 무한 루프로 프로그램을 멈추는 방법

☑ 반복문 구조를 망가뜨리는 방법

☑ 심하게 길고 복잡한 반복문을 만드는 다양한 방법

사전에 알아야 하는 것들

☑ 자바의 반복문

    – for문

    – foreach문

    – while(혹은 do while)문

☑ List, Set, Queue와 같은 컬렉션의 기본 개념

☑ Iterator

☑ Scanner 클래스를 통한 키보드 입력받기

조건문처럼 반복문도 프로그래밍의 기본적인 제어 구조다. 또한, 조건문과 마찬가지로 여러 가지 "맛"을 선택할 수 있다. 반면, 반복문은 조건문보다 더 복잡하며, 프로그램에 혼란과 파괴를 가져올 가능성이 더 크다. 이번 챕터에서는 이러한 잠재력을 활용하는 몇 가지 기본 방법에 대해 설명한다.

01 | 잘못된 타입 선택하기

대부분의 프로그래밍 언어는 여러 종류의 반복문을 제공하며, 기본적으로 똑같은 명령을 반복하여 수행한다는 점은 동일하다. 그렇다면 굳이 그중 하나를 선택해야만 할까?

물론 그렇다. 종류별로 어떤 상황에 적합한지 안다면, 부적절한 곳에 사용하여 버그를 만들고, 동료를 더욱 귀찮게 만들 수 있다. 앞의 두 가지 결과는 당신에게 더 큰 즐거움을 가져다줄 것이다.

☠ 컬렉션

몇몇 프로그래밍 언어는 컬렉션에 대한 지원이 내장되어 있는데,[1] 이는 여러 가지 방식으로 작동되는 다양한 데이터 구조를 포괄한다. 자바는 이 중 하나의 언어이다. 다음의 예를 보자.

```
List<Grocery> shoppingList;
Set<Animal> pets;
Queue<Person> reallyLongLineAtTheSupermarket;
```

꽤 긴 시간 동안 컬렉션을 반복 수행해야 할 때, 상황에 따라 어떤 반복문을 사용하는 게 가장 적합할까? 각 반복문의 변형된 형태가 본질적으로 동일하다면, 다트 게임을 통해서 사용할 반복문을 선택할 수도 있다. 얼마나 좋은 생각인가!

---

[1] 컬렉션은 하나의 이름으로 연관된 항목들을 가져오는 데이터 구조이다.

예를 들어, 쇼핑 리스트에 있는 아이템별 가격을 출력해야 한다고 가정해 보자. 그런 다음 다트를 집는다. 자, 이제 시작하자.

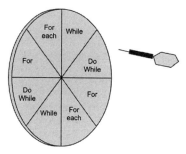

그림 5-1 반복문을 선택하기 위한 다트판

우와, for문이 선택되었다. List의 내용을 조회하기 위한 for문은 다음과 같다.

```java
for (int i = 0; i < shoppingList.size(); i++) {
    Grocery g = shoppingList.get(i);
    System.out.println(g.getPrice());
}
```

동작한다. 그렇다면 for문은 컬렉션을 위한 좋은 선택아닌가?

🛑 주의하기! ··

이렇게 접근하면 루프 카운터 i를 사용하여 컬렉션의 현재 위치를 기록하게 되는데, 이 접근법에는 두 가지 문제가 있다.

첫 번째로, 모든 컬렉션이 이런 방식으로 접근할 수 있는 건 아니다. 예를 들면 Set은 List와 달리 순서가 없다. 즉, Set은 위치 정보가 없어 직접 접근할 수 없다는 의미다. 게다가 Set은 get 메소드도 가지고 있지 않다.

```java
for (int i = 0; i < pets.size(); i++) {
    Pet p = // 엇, 이제 뭘 하지?
}
```

두 번째로, for문을 사용하려면 루프 카운터를 유지해야 한다. 이 작업을 일반적으로 하우스키핑 작업이라고 한다. 컬렉션의 경우 foreach문이 이를 처리하기 때문에 별도의 하우스키핑 작업이 필요하지 않다. 또한, 너무나 쉽게 컬렉션 내의 각각의 요소에 접근할 수 있다.

```
for (Pet p : pets) {
    p.feed();
}
```

하우스키핑 작업을 하지 않음으로써 실수하거나 버그가 발생할 위험이 줄어든다. 이 경우에는 루프 카운터 i를 반드시 올바르게 초기화해야 하고, 테스트 및 업데이트를 해야 한다. 만약 하나라도 잘못 수행한다면 프로그램 에러가 발생할 위험이 있다.[2]

☠ 범위 표현

다음 작업을 위해 다트를 다시 한번 집어와서 다트판에 던져 보자(맞다, 잘못된 방법이지만 다시 엉망으로 만들기 위함이다!).

이번에는 while문을 맞췄다.

좋다. 여기 한 가지 할 일이 있다. 1부터 100까지 중에 모든 FizzBuzz[3]를 찾아라. 일반적으로 정해진 횟수만큼(1씩 증가하지 않는) 반복해야 하는 작업에는 for문이 권장된다. 먼저, 당신의 동료들이 선호할 만한 코드를 보자.

```
for (int i = 5; i <= 100; i += 5) {
    if (i % 3 == 0) {
        System.out.println(i);
    }
}
```

---

[2] for문의 테스트 시에 잘못 비교하는 것은 매우 자주 발생하는 실수이다. 예를 들어, 'i <= pets.size()'는 IndexOutOf BoundsException 오류를 발생시킬 수 있다.

[3] FizzBuzz는 3과 5로 나누어 떨어지는 수이다. 아이들(혹은 술 취한 어른)의 게임에서 영감을 받아서 동일한 이름으로 지었다.

while을 사용한 코드는 다음과 같다.

```
int i = 5;
while (i <= 100) {
    if (i % 3 == 0) {
        System.out.println(i);
        i += 5;
    }
}
```

while문 코드에서 고의로 발생시킨 실수를 몇몇 독자들은 무심코 지나쳤을 것이다. 만약 발견하지 못했다면 다시 확인할 때까지 기다리겠다.

어떤 문제가 있는지 보이는가? 루프 카운터를 증가시키는 (i += 5)가 잘못된 위치에 있다. 그 부분은 if 블록 밖에 위치해야 한다. 현재의 위치에 있으면 i의 값이 증가하지 않고, 무한 루프에 빠지게 된다.

🛑 주의하기! ···

이는 while문이 정말로 잘못된 선택이기 때문이 아니라, 단지 프로그램이 죽을 수 있는 단순한 실수에 쉽게 노출되기 때문이다.

for문과 while문 둘 다 하우스키핑 코드가 필요하다. 하지만, for문을 사용하면 하우스키핑 코드를 한곳에 모두 통합할 수 있지만(반복의 의도를 명확하게 만듦), while문은 이를 분산시켜야 한다. 이로 인해 코드를 잘못된 위치에 두거나 완전히 빠뜨릴 가능성이 높아진다. 이는 더 큰 반복문에서 독자가 하우스키핑 코드를 찾기 위해 많은 명령을 수행해야 함을 의미한다.

···

☠ 아무렇게나 반복하라

다음 작업은 파일의 내용을 한 줄씩 출력하는 것이다. 이를 위해 다트판에는 단 하나의 반복문, foreach문만이 남아 있다.

반복 횟수를 모르는 상황에서 같은 작업을 반복해야 하므로, 파일을 한 줄씩 읽어나가는 게 그때마다 다른 횟수의 작업을 반복하는 데에 좋다. 슬프게도 처음 보면 컬렉션을 처음부터 끝까지 탐색하는 foreach문이 아주 좋은 아이디어처럼 보인다.

물론, foreach문은 컬렉션에서만 작동하기 때문에, 해당 파일을 컬렉션에 넣어야만 파일을 작동시킬 수 있다.

```
List<String> lines = Files.readAllLines(
        Paths.get(filename), StandardCharsets.UTF_8);

for (String line : lines) {
    // 파일의 라인별로 작업을 수행
}
```

우연히 맞는 동작을 했다고 하더라도 당황하지 말아라. 이 방법은 잠재적인 문제를 몰래 숨길 수 있다. 이 프로그램은 파일의 전체 내용으로 컬렉션 라인을 한 번에 채운다. 따라서, 파일 전체를 메모리로 읽어 들인다. 파일의 사이즈가 매우 크다면, 프로그램은 갑자기 메모리 먹는 하마가 될 것이다. 혹은, 파일 사이즈가 사용 가능한 메모리 용량을 초과하여 충돌이 발생할 수도 있다.

임의의 횟수만큼 반복하는 다른 유형의 프로그램은 사용자에게 대화형 프롬프트를 제공하는 것이다. 텍스트 기반의 어드벤처 게임[4]이 있다고 가정해 보자. 플레이 방법은 다음과 같다.

---

[4] 일명 대화형 게임. 원지 궁금하다면 이 게임을 하며 불쌍한 유년을 보냈던 고리타분한 동료에게 물어보도록 하자.

당신은 숲속 한가운데에 있고 여기에 우편함이 있습니다.

무엇을 할까요? 〉 우편함을 확인하세요.
닫혀 있습니다.

무엇을 할까요? 〉 우편함을 여세요.
우편함을 엽니다.

무엇을 할까요? 〉 유편함을 들여다보세요.
전 '유편함'을 이해하지 못했어요.

무엇을 할까요? 〉 분명히 유편함을 의미했어요.
전 '분명히' 이해하지 못했어요.

무엇을 할까요? 〉 우편함을 여세요.
털이 많은 독거미가 우편함 밖으로 빠져나와 손을 물었습니다.

당신은 죽었습니다. 500점 만점에 0점을 획득했습니다. 플레이해 주셔서 감사합니다.

앞의 예제에서, 프로그램은 다음의 단계를 반복하여 수행한다.

1. "무엇을 할까요? 〉" 출력하기
2. 사용자의 키보드 입력을 읽기
3. 사용자 입력을 처리하기
4. 사용자에게 응답하기
5. 'quit'이 입력되지 않은 경우, 1번 과정으로 돌아가기

이 방식은 REPL(Read—Eval—Print Loop)로 알려져 있다. foreach문은 사용자가 컬렉션에 작성하지 않은 입력을 실시간으로 읽을 수 없기 때문에, 이런 방식의 프로그램에 특히 적합한 문제를 일으킬 수 있다.

🛑 주의하기!

컬렉션과 범위를 반복하는 것과 달리, 임의 반복은 시작과 끝이 정의되어 있지 않다. 대신, 종료 조건을 만족시킬 때까지 계속해서 단계를 실행한다. 임의 반복의 경우, 각 반복이 시작될 때 반복 조건을 확인하므로 while문이 더 적합하다.[5]

I/O를 읽는 경우, while문은 데이터를 점진적으로 처리할 수 있으므로, I/O 소스로 이동하여 더 이상 읽을 데이터가 남아 있지 않을 때까지 데이터를 읽는 작업을 반복하여 수행한다. 따라서 프로그램은 모든 데이터를 메모리에 한 번에 넣을 필요가 없다. 파일을 읽을 때, while문은 한 번에 한 줄씩 처리할 수 있다.

```java
BufferedReader fileReader = new BufferedReader(new FileReader(file));
String line = fileReader.readLine();

while (line != null) {
    // 파일의 라인별로 작업을 수행
    // ...

    // 다음 줄 읽기
    line = fileReader.readLine();
}
```

어드벤처 게임을 위한 REPL의 경우, 반복문은 다음과 같다.

```java
Scanner keyboard = new Scanner(System.in);
do {
    System.out.print("무엇을 할까요? > ");
    input = keyboard.next();
    String response = processInput(input);
    System.out.println(response);
} while (! input.equals("quit"));
```

---

[5] do-while문의 경우라면 각 반복이 끝날 때

02 | 무한 루프 즐기기

아마도 당신은 다음과 같은 일을 경험해 본 적이 있을 것이다: 응용 프로그램을 사용하고 있던 중, 프로그램이 멈추고 응답이 없다. 마우스를 몇 번이나 클릭하고 키보드로 글리산도를 연주해 보는데도, 다시 돌아오지 않는다.

오, 이렇게 성가신 소프트웨어를 얼마나 작성하고 싶었던가.

기다려라. 당신은 할 수 있다! "멈춰 버린" 프로그램이 무한 루프에 갇혀, 동일한 명령을 아무런 진전도 없이 계속해서 수행하도록 할 수 있는 기회이다. 프로그램을 무한 루프에 빠뜨리는 것은 매우 쉽다 – 전문가들조차도 때때로 이런 실수를 한다.

🐛 위인을 인용하자

루프가 정말 종료되었는지를 미리 검증할 일반적인 방법이 없다는 것을 알고 있는가? 이는 1937년, 컴퓨터의 대부인 앨런 튜링(Alan Turing)이 컴퓨터 공학에서 발견한 가장 유명한 것 중 하나이다.

이러한 사실은 코드에 무한 루프가 숨어 있을 것을 의심하는 동료가 당신의 가장 강력한 동맹이라는 뜻이기도 하다. 무한 루프가 생길 가능성이 생길 때마다 언제든지 공을 동료에게 넘기면 된다. 튜링의 발견을 인용하고, 모든 반복문은 잠재적으로 무한 루프이며 달리 증명할 방법이 없음을 지적하라.

그리고 나서, 그들에게 왜 이유도 없이 당신을 지목하였는지 물어볼 수 있다.

⚠ 주의하기! ···

일반적으로 반복의 종료를 검증할 방법이 없다고 해서 특정 루프를 볼 수 없고, 잠재적으로 무한 루프에 갇힐 가능성이 있다고 확신할 수는 없다. 핵심은 반복의 논리적 완성도를 확인하는 것이다. 즉, 가능한 한 모든 데이터의 상태와 결과를 고려해야 한다.

예를 들어, 아래의 단순한 for문은 무한 루프에 갇힐 가능성이 있는가?

```
for (int i = 1; i < 10; j++) {
    System.out.println("Step number " + i);
}
```

그렇다. 반복의 조건인 (i < 10)은 true로 시작하지만, 상태가 전혀 변하지 않기 때문에 결코 false로 바뀌지 않음을 쉽게 확인할 수 있다(반복문이 동작하면서 아무것도 하지 않는 j의 값만 증가한다는 것에 주의해라).

앞으로 50년 이내의 윤년을 출력하는 다음의 반복문은 어떠한가. 무한 루프에 갇힐 것 같은가?

```
int i = 0;
int year = 2016;
while (i < 50) {
    if (isLeapYear(year + i)) {
        System.out.println(i + " is a leap year");
    }
    i++;
}
```

갇히지 않을 거라는 것을 쉽게 알 수 있다(isLeapYear 서브루틴이 무한 루프에 빠지지 않는다는 가정하에). 반복은 i의 값으로 제어되며, i가 50 미만이면 계속해서 반복된다. 반복이 시작되면서 i의 값(초기값 0)은 반복될 때마다 증가하고, 50이 되면 반복문이 종료된다.

이 반복문은 아주 약간만 변형하면 무한 루프가 될 수 있다.

```
int i = 0;
int year = 2016;
while (i < 50) {
    if (isLeapYear(year + i)) {
        System.out.println(i + " is a leap year");
        i++;
```

```
      }
   }
```

이 경우, i의 값은 if문에 의해 변할 수도 있고 변하지 않을 수도 있다. 데이터의 상태를 자세히 보자. 처음 i의 값은 0이고 year는 2016이며, isLeapYear는 true이므로 i 값이 증가한다. 하지만 i가 1이 되면 isLeapYear의 인수는 2017이 된다. isLeapYear의 결과는 false를 반환하므로 i의 값은 1을 유지하게 된다. 그 후로는 year나 i의 값을 변경할 수 있는 방법이 없기 때문에 반복이 끝나지 않을 것이다.

일부 반복문은 잠재적인 무한 루프일 뿐이다. 어떤 조건에서는 끝없이 반복되고, 또 다른 조건에서는 그렇지 않다. 전문가들조차도 무한 루프로 이어지는 조건을 감지하기 어렵다. 다음은 Microsoft Zune 미디어 플레이어(Long, 2013) 코드의 실제 예다.[6] 이 코드는 매우 특정한 조건에서만 무한 루프에 갇히는 반복문을 포함하고 있다.

```java
// 1980년의 경우
year = 1980;

public void convertDays(int days) {
   while (days > 365) {
      if (isLeapYear(year)) {
         if (days > 366) {
            days -= 366;
            year += 1;
         }
      }
      else {
         days -= 365;
         year += 1;
      }
   }
}
```

이 메소드는 days 변수(1980년 1월 1일 이후부터 현재까지의 일수를 포함)를 사용하여 현재 연도와 일수를 계산한다. 대부분 코드는 잘 동작한다. 하지만 논리적으로 불완전한 곳을 찾을 수 있는가? 지속적으로 감소하는 days의 값에 따라 실행되는 while문이 동작하지 않

---

[6] 자바처럼 보이게끔 약간의 변경을 했다.

는 경우가 있는가?

그렇다. isLeapYear가 true를 반환하고 days가 366보다 크지 않은 경우가 그렇다.

2008년 12월 30일 Zune 플레이어를 통해 미디어를 재생하려는 사람들에게 어떤 일이 일어났을까? 다르게 말하자면 윤년 2008년의 365번째 날에 무슨 일이 생겼을까?

정답: 많은 음악 애호가들이 미디어 플레이어가 뚜렷한 이유도 없이 멈추는 바람에 화가 났다.

💀 문제 예방

이제 특정한 데이터 상태를 무시하면 끝없는 반복이 발생할 수 있음을 알게 되었으므로, 당신의 사악한 두뇌는 이를 배워 다른 사람에게 들키지 않고 프로그램에 이 지식을 적용하고자 시도할 것이다.

이를 위한 한 가지 방법은 반복 조건의 범위를 불필요하게 특정하는 것이다. 윤년 예제를 다시 살펴보자. while문의 조건이 while (i < 50)에서 다음과 같이 변경되었다.

```java
int i = 0;
int year = 2016;
while (i != 50) {
    if (isLeapYear(year + i)) {
        System.out.println(i + " is a leap year");
    }
    i++;
}
```

놓치기 쉬운 작은 변화이고, 무한 루프를 발생시키지도 않는다. 그러나 새로운 반복 조건은 기존보다 덜 세심하고, 향후 코드에 추가 변경이 생길 경우 잠재적인 무한 루프의 씨앗이 될 수 있다. 어쨌든 지금은 코드가 여전히 동작하고, 무한 루프를 피할 수 있음이 분명하다.

하지만 당신이 심은 씨앗의 열매를 보고 싶다면 계속 읽어라.

❗ 주의하기!

윤년 예제의 기존 조건(while (i < 50))은 더 많은 데이터 상태를 고려했기 때문에 조건이 보다 강했다. i의 값이 50 이상인 경우 반복이 종료된다. 하지만 while (i != 50)은 하나의 값만으로도 반복을 충분히 종료할 수 있다고 여기기 때문에 조건을 상당히 약화시킨다.

특정 값이 아닌 범위로 반복을 종료하는 것은 단순한 예방책일 뿐만 아니라 매우 유용한 방법이다(Kernighan and Plauger, 1978). 예를 들어, 누군가가 윤년은 최소 4년마다 발생하므로 그 사이에는 연도를 확인할 필요가 없다고 추론하며 추후에 루프를 최적화할 수 있다. 따라서, 루프 카운터의 증가가 1에서 4로 증가한다면 코드는 다음과 같다.

```java
int i = 0;
int year = 2016;
while (i != 50) {
    if (isLeapYear(year + i)) {
        System.out.println(i + " is a leap year");
    }
    i += 4;
}
```

이 경우 i는 결코 50이 될 수 없다. 0, 4, 8…, 48 이후에 50을 건너뛰고 52에 동작하게 된다. 여기서부터 끝없는 반복이 이어진다. 기존의 조건은 반복을 종료하기 위한 최댓값을 설정했기 때문에 이러한 문제를 겪지 않았다.

고려할 수 있는 또 다른 예방책으로는 반복 횟수의 상한을 제한하는 안전 카운터가 있다. 안전 카운터값까지는 쉽게 도달할 수 있지만 명확하게 초과하는 값으로 설정할 수 있다. 반복 횟수가 안전 카운터의 제한을 초과하면 무한히 동작함을 나타내므로, 반복이 즉시 종료된다.

다음 예는 A 지점에서 B 지점까지 갈 수 있는 모든 경로 중에 사용자가 선호하는 최대 이동 시간을 만족하는 여행 플랜이다.

```java
Route suggestedRoute = null;
int counter = 0;
while (suggestedRoute == null) {
    Route possibleRoute = routeFinder.getNextRoute();
```

```
    if (possibleRoute.getDuration() < maxDuration) {
       suggestedRoute = possibleRoute;
    }
    counter++;
    if (counter > SAFETY_LIMIT) {
       System.err.println("Exceeded limit searching for routes.");
       break;
    }
  }
```

여기에는 반복이 종료되지 못하도록 하는 몇 가지 잠재적 문제를 포함하고 있다.

- routeFinder.getNextRoute() 메소드는 조건에 맞지 않는 경로를 계속 반환한다.
- A와 B 사이에 충분한 경유지가 존재하는 경우, 컴퓨터가 가능한 경로를 수년간 검색할 수 있을 정도로 엄청나게 많은 조합이 있을 수 있다.[7]

안전 카운터는 컴퓨터가 너무 오랫동안 이를 검색하기 전에 멈추도록 한다. 이 예제에서 카운터는 마지막 if문으로 확인된다.

....

---

[7] 엄밀히 말하자면 프로그램은 결국 종료되기 때문에 무한 루프가 아니다. 하지만 사용자는 이를 위해 수천 년을 기다리지 않을 것이다.

03 잘못된 반복문 종료 만들기

챕터 2에서 기술했듯이 구조화된 반복문이란 혼란스러운 제어의 흐름을 피하는 것이다. 따라서 반복문은 단 하나의 입구와 출구만 가지고 있어야 한다.

그러나, 특정 프로그래밍 언어의 설계자들은 매우 친절하게도 이러한 제한을 피할 수 있는 방법을 우리에게 알려 주었다. 그들은 아마도 프로그래머가 현명하고 책임감 있게 이 방법을 사용하리라 믿었던 듯하다.

사악한 웃음을 지어서 미안하다.

☠ 탈출하라

왜 우리가 찾는 물건은 항상 마지막에 보일까?

- 인기 있는 (그리고 좀 바보 같은) 구문

"반복에서 빨리 벗어나려면 어떻게 해야 하는가?"

아주 적절한 질문이지 않은가? 어쨌든, 무언가를 발견했다면 계속해서 찾을 필요는 없다. 답은 누가 묻느냐에 달려 있다.

합리적인 프로그래머는 질문할 때 합리적인 방법이 있는지를 묻는다. 물론 당신이 질문할 때는 생각이 거의 들지 않고, 동료들을 귀찮게 하고, (행운을 빌며) 프로그램 에러를 발생시키기 쉬운 방법을 원한다.

당신의 질문에 대한 답은 간단하다. 원하는 곳이라면 어디에서든 탈출하라. break문이나 continue문을 반복문 내에 미친듯이 마구 써라. 반복문에 다른 출구를 더 추가하고 덜 구조화되도록 만들어라.

스낵이 포함된 컬렉션에서 첫 번째로 조건을 만족하는 스낵을 찾는 아래 예제를 보자.

```java
while (true) {
    // 초콜릿이라면 내가 원하던 것이다!
    if (currentSnack.getType().equals("Chocolate")) {
        chosenSnack = currentSnack;
        break;
    }
    // 그렇지 않다면 글루텐이 없는 비스킷을 선택하겠다.
    else if (currentSnack.getType().equals("Biscuit")) {
        boolean containsGluten = allergiesInfo.hasGluten(currentSnack);
        if (!containsGluten) {
            chosenSnack = currentSnack;
            break;
        }
    }

    if (snackIterator.hasNext()) {
        // 만족하는 것이 없다면 다음으로 넘어간다.
        currentSnack = snackIterator.next();
    }
    else {
        // 조건을 만족하는 스낵을 전혀 찾지 못했다.
        break;
    }
}
```

이 반복문은 상당히 간단한 작업을 수행함에도 지나치게 복잡하게 만들어졌다. 이 간단한 검색 루프에는 3개의 종료점이 있으며, 스낵의 배열이 늘어남에 따라 쉽게 if 사다리[8]가 될 수 있는 if—else 구문도 있다.

❗ 주의하기!

여러 개의 반복 종료점은 경로를 더 복잡하게 만들고, 코드를 읽는 사람들로 하여금 반복문이 어떻게 동작하는지 이해하기 위해 내부를 더 자세히 살펴보게 만든다. 종료점을 놓치기 쉽게 다른 코드 사이에 분산시켜 버리면 상황은 더욱 복잡해진다.

이 같은 상황을 처리하기 위해 몇몇은 반복 여부를 확인할 수 있는 플래그를 설정하는 데 유리한 break문을 피하고 for문의 일부로 확인할 것을 추천한다(Mughal 등, 2007). 또 다른 몇몇은 break문을 최후의 수단으로 사용하는 것은 괜찮으며 조기에 반복을 탈출할 수 있는 조건은 반복문에서 명확한 하나의 위치로 모아야 한다고 주장한다(McConnell, 2004).

전자의 조언을 따르는 예를 보자.

```
// for문을 사용한다는 것은 iterator를 사용할 필요가 없다는 의미이다.
// 하우스키핑 코드와 모든 종료점을 하나의 지점으로 모은다.
for (int i = 0;
    chosenSnack == null && i < snacks.size();
    i++) {
currentSnack = snacks.get(i);

    // 기억하라! switch문 내에 사용된 break는 단지 switch문만 빠져나간다.
    // 루프를 탈출하는 것이 아니다!
    switch (currentSnack.getType()) {
      case "Chocolate":
        chosenSnack = currentSnack;
        break;
      case "Biscuit":
        if (allergiesInfo.hasGluten(currentSnack)) {
          chosenSnack = currentSnack;
        }
        break;
    }
}
```

---

[8] if 사다리에 대해서는 챕터 4에서 다뤘다.

04 반복문을 길고 복잡하게 만들기

코드의 복잡도와 크기가 코드에 주는 영향에 대해서는 이미 설명했다. 이번 절에서는 이러한 것들이 반복에 어떤 영향을 주는지 알아보겠다.

☠ 긴 반복문

긴 서브루틴처럼 긴 반복문은 읽는 사람들로 하여금 손상되기 쉬운 작은 뇌에서 많은 세부사항을 한꺼번에 관리하도록 한다. 상태가 지속적으로 변하는 수많은 세부사항을 추적하기 위해 노력하고 실패하는 것은 버그를 종종 놓치는 방법이다. 긴 반복문을 작성하면 이처럼 세부사항이 많이 유지된다.

반복문이 길어지면서 또 다른 문제를 만들 수도 있다. 반복문은 종종 루프 카운터의 증가와 같이 실행의 제어를 위한 하우스키핑 코드가 필요하다. 앞의 절 "무한 루프 즐기기"에서 설명했듯이, 하우스키핑 코드가 반복문을 제어하는 데이터를 잘못 관리하면 프로그램을 무한 루프에 빠트릴 수 있다. 하우스키핑 코드를 분할하고 긴 루프 안에 분산시키면, 해당 코드를 찾고 추적하기가 어려워져서 문제를 놓칠 가능성이 커진다.

화면에 들어 오지 않을 만큼 반복문을 길게 작성하면 더더욱 좋다. 즉, 한꺼번에 모든 것을 볼 수 없고 다음 내용을 확인하기 위해 스크롤하고 검색해야 하므로, 산만해질 수 있다는 의미이다.

⬣ 주의하기!

반복문의 최대 길이에 대한 규칙은 없지만, 일부 서적과 코딩 표준은 화면 크기를 경험에 근거한 규칙으로 정한다. 대부분의 화면은 (요즘 모니터가 다양한 크기와 구성임에도 불구하고) 대략 50줄의 코드에 적합하므로, 반복문의 길이가 이를 초과해서는 안 된다고 주장한다 (McConnell, 2004).

반복문이 길어지기 시작하면, 이를 줄이기 위한 조치를 해야 한다. 반복문의 설계를 살펴보고 너무 많은 것을 한 번에 담으려고 했는지 확인해야 한다. 아마도 긴 반복문을 더 짧고 명확하게 나눌 수 있을 것이다.

또는, 챕터 2에서 긴 서브루틴에 적용했던 방법을 동일하게 적용할 수 있다. 내용을 코드 덩어리로 나누고, 각각을 별도의 서브루틴으로 옮기고, 이를 새 서브루틴에 대한 호출로 변경하는 것이다. 비디오 게임이 좋은 예이다. 비디오 게임은 전형적으로 게임 세계의 모든 것을 지속적으로 업데이트하는 중앙 제어 루프를 가지고 있다. 이 루프는 게임이 구동되는 동안 지속적으로 실행된다. 대규모 게임의 경우, 업데이트해야 하는 항목이 얼마나 많을지 상상해 보자.

```
While (game.isRunning()) {
    // ...
    // 사용자 입력을 확인하기 위한 수많은 코드
    // ...
    // 게임 내 각 요소의 위치를 업데이트하기 위한 수많은 코드
    // ...
    // 요소 간의 충돌을 감지하기 위한 수많은 코드
    // ...
    // 새로운 요소를 생성하기 위한 수많은 코드
}
```

수백 줄의 상세한 코드보다는 다음과 같은 일련의 호출이 더 읽기 쉬울 것이다.

```
while (game.isRunning()) {
    getUserInput();
    updatePositions();
    detectCollisions();
    createNewObjects();
}
```

☠ 복잡한 반복문

연구에 따르면, 반복문은 사람에게 있어 쉬운 것이 아니다(Pane and Myers, 2001). 즉, 해서는 안 되는 규칙인 **"단순함보다 복잡함을 선호하라"**에 따라 반복문을 복잡하고 이해하기 어렵게 만들고 싶다면, 이미 유리한 출발을 한 것이다. 반복문에 복잡성을 층층이 더하는 것은 프로그램을 더 이해하기 어렵게 만드는 것이다. 그러니, 복잡함으로 꽉 찬 반복문을 만들 기회를 놓치지 말아라.

당신은 아래의 사항들을 시도해 볼 수 있다.

+ 반복문에 하우스키핑 코드를 분산시켜라. 해서는 안 되는 규칙인 "중복하라! 그리고 이것을 퍼트려라. 절대로 한 곳에서 관리하지 마라"에 따라 절대로 한곳에 몰아넣지 마라.
+ break문과 continue문을 아주 많이 넣어라. 이들은 반복문 내 가능한 경우의 수를 늘려서 프로그래머의 정신적 부하를 증가시킨다.
+ 중첩 수준을 늘려라. 반복문 내의 과도한 중첩은 특히 문제가 된다.

❗ 주의하기! ....

이 책은 복잡성을 관리하기 위한 조언을 담고 있으며, 그중 대부분은 반복문에 동일하게 적용된다. 반복문의 복잡성을 관리하기 위한 좋은 시작은 위의 조언과는 정반대로 하는 것이다.

- 하우스키핑 코드를 한곳에 모아라.
- 하나의 반복문에는 하나의 종료점만 둔다.
- 중첩의 수준을 제한하라. 권장되는 최대치는 3~4개 수준이다(Yourdon, 1986).

다른 접근법으로는 반복문을 완전히 버리는 것도 고려해 볼 수 있다. 반복문은 순서대로 "한 번에 하나의 객체"에 접근하는 방식이다. 이는 종종 프로그래밍 언어를 통해 우리에게 다가오는데, 경험이 적은 프로그래머에게는 직관적이지 않고 다루기 어렵다(Pane and Myers, 2001).

한 가지 대안으로 함수형 프로그래밍(functional programming) 접근법이 있는데, 이를 통해 반복 프레임으로 모든 것을 감싸지 않고 컬렉션을 처리할 수 있다. 이러한 접근법은 반복문처럼 모든 항목을 개별적으로 수행하는 방식이 아닌, 모든 항목을 집합적으로 수행하는 것을 의미한다. 이를 지원하는 언어에서는 종종 동일한 반복문을 간단한 대안으로 대체할 수 있다.

다음의 코드는 숫자의 집합에서 소수가 아닌 모든 수를 반복문을 통해 필터링하는 예시이다.

```
Iterator<Integer> numbersIterator = numbers.iterator();
Set<Integer> primeNumbers = new HashSet<>();
while (numbersIterator.hasNext()) {
  int n = numbersIterator.next();
  boolean isPrime = true;
  for (int i = 2; isPrime && i <= n / 2; i++) {
    if (n % i == 0) {
      isPrime = false;
    }
  }
  if (isPrime) {
    primeNumbers.add(n);
  }
}
```

하지만, 이 반복문을 함수형 프로그래밍 접근법으로 대체하면 다음과 같다.

```
public boolean isPrime(int n)
{
  return IntStream.rangeClosed(2, n / 2)
      .noneMatch(i -> n % i == 0);
}

// ...

Set<Integer> primeNumbers = numbers.stream()
      .filter(n -> isPrime(n))
      .collect(Collectors.toSet());
```

문법이 익숙해지기까지는 다소 시간이 걸리겠지만(물론 다른 언어에서는 함수형 프로그래밍이 더 예쁘게 보인다) 하우스키핑 코드가 없고, 개념적으로 다루기가 더 쉽다. 위의 예제에서 isPrime 함수는 2와 n/2 사이의 모든 정수가 n으로 깔끔하게 나누어떨어지는지 검사하는 기능을 한다. PrimeNumbers Set은 numbers 내에서 테스트에 통과하지 않은 모든 수(소수)를 필터링하여 생성된다.

chapter

6

서브루틴

목표

☑ 서브루틴의 크기가 프로그램 이해도에 미치는 영향

☑ 서브루틴에 대한 이해를 방해하기 위해 할 수 있는 조치

- 이름을 바보같이 짓기
- 복잡하게 만들기
- 목적을 과하게 부여하기

☑ 심하게 길고 복잡한 반복문을 만드는 다양한 방법

사전에 알아야 하는 것들

☑ call-by-value와 call-by-reference 같은 평가 전략뿐만 아니라 참조형 타입과 값 타입

문제를 전체적으로 이해하기 전에 세부 작업을 시작하는 것은 매우 어리석고 나쁜 습관
이다.

- George Pólya (1973)

불행하게도 프로그래밍 교육을 받았다면, 아마 문제를 분해하는 방법에 대해서도 배웠을
것이다. 문제 분해는 코딩을 하기 전에 문제를 계층적인 작은 조각으로 나누는 것이다.

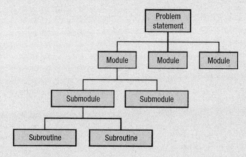

그림 6-1 문제 분해 모델

계층 구조의 레벨은 프로그램의 다양한 부분에 해당한다. 중간 레벨은 프로그램의 조직
을 나타내는 부분(모듈, 클래스, 패키지)이 되고[1] 최하위 레벨은 프로그램이 제공하는 기
능 단위를 이야기한다. 문제의 이러한 파트들은 프로그램의 서브루틴에 해당한다.

서브루틴의 목적은 도움을 주는 것이다. 당신은 각각의 기능 단위에 해당하는 서브루틴
을 작성해야 한다. 그러기 위해서 서브루틴은 논리적이며, 작고, 단순해야 한다.

하지만 단지 돕기 위함이 서브루틴이 존재하는 이유는 아니다. 이 챕터를 마칠 때쯤이
면 서브루틴을 약하고, 비논리적이고, 답답할 정도로 복잡하게 만드는 방법을 배우게 될
것이다.

---

[1] 상세한 내용은 다음 장에서 다룬다.

01 | 서브루틴의 사이즈를 아주 크게 하기

챕터 2에서 서브루틴을 간략하게 소개하면서, **"일반적으로 클수록 더 좋다"**라는 해서는 안 되는 첫 번째 규칙을 보여 주었다. 어떻게 모놀리식 프로그램이 모든 것을 하위 레벨의 코드로 연결하여 나무는 보고 숲은 보지 못하게 하는지, 그리고 모놀리식 프로그램이 프로그래머에게 무엇을 독려하는지(코드 복제)도 설명했다.

이와 같은 이유로, 코드를 검토하는 작업 관리자는 당신에게 큰 프로그램을 작은 서브루틴으로 나누라고 강요할지도 모른다. 그렇다고 해서 이것이 엄청난 양의 코드 작성을 포기하라는 의미는 아니다. 서브루틴을 작성하는 데 최소한의 노력만을 들여, 거대한 프로그램을 여전히 큰 몇 개의 서브루틴으로 나눌 수 있다.

이는 모놀리식 코드를 일련의 서브루틴 호출로 대체하는 것이다. 따라서 독자가 서브루틴의 이름을 꼼꼼히 읽음으로써 프로그램의 목적을 쉽게 이해할 가능성이 커지므로, **"이름은 중요하다 – 그러니 잘못된 이름을 지어라"**는 해서는 안 되는 규칙을 꼭 숙지해야 한다.[2] 앞의 내용을 적용하더라도 몇몇 큰 서브루틴이 여전히 많은 나무로 시야를 가릴 수 있다.

---

[2] 이번 장에 나올 "이해하기 힘들게 만들기" 절 참조

⚠ 주의하기!

숙련된 프로그래머는 여러 가지 이유로 거대한 서브루틴을 싫어한다. 예를 들어, 큰 서브루틴은 많은 상세 내용을 내포하는 경향이 있어, 한 번에 이해하려면 엄청난 노력이 필요하다. 그리고 둘 이상의 작업을 수행하기도 해서 재사용하기가 어렵다.

또한, 큰 서브루틴은 유지관리가 힘들다. 서브루틴의 한 부분만 수정하려고 하더라도 서브루틴의 다른 부분에 영향을 줄 위험이 있고, 이 위험은 서브루틴이 커질수록 높아진다. 이로 인하여 변경하기 힘든 "불안정한" 코드 블록이 생긴다.

그뿐만 아니라 서브루틴의 버그 개수는 서브루틴의 크기에 비례하여 증가하는 경향이 있다 (Enders and Rombach, 2003). 하지만 크기는 몇 가지 지표 중 하나이고, 단점 중 하나일 뿐이다. 작은 서브루틴을 작성하는 것이 버그를 줄인다고 보장하지는 못한다. 하지만 작은 서브루틴은 잘못되더라도 고치는 데 드는 비용이 더 적게 들기 때문에 좋은 시작점이 될 수는 있다 (Selby and Basili, 1991).

"너무 큰"에 대한 구체적인 수치를 제시하는 것은 어렵다. 왜냐하면 프로그래밍 언어는 실증적인 증명이 완전하지 못하고, 여러 핸드북과 스타일 가이드에 있는 숫자는 너무 다양하기 때문이다. 제시할 수 있는 최소한의 범위는 코드를 20줄 이내로 작성하는 것이다(Martin, 2009). 다른 의견으로는 100~200줄을 넘지 말 것을 요구하는 사람들도 있다(McConnell, 2003). 내 생각에는 그것도 매우 긴 것 같지만.

02 │ 이해하기 힘들게 만들기

프로그램을 작고 이해하기 쉬운 일련의 서브루틴으로 재구성하면 전체적인 이해도를 높일 수 있다. 이번 절에서는 서브루틴을 이해하기 힘들게 만들어서 이러한 장점을 중화시키는 방법을 알아보자.

🐱 안 좋은 작명

독자가 이해하기 쉽도록 변수의 목적을 드러내는 변수 이름을 정하는 것이 얼마나 위험한지 챕터 3에서 설명했다. 변수 외에 다른 것들에도 이름을 붙여야 하므로, 해서는 안 되는 규칙인 **"이름은 중요하다 – 그러니 잘못된 이름을 지어라"**를 참고해라.

서브루틴도 마찬가지로 이름이 필요하다. 따라서 챕터 3에서 다뤘던 이름 대충 짓기에 관련된 아이디어를 재사용하면 된다('재사용'은 이 책에서 나쁜 단어이지만, 나쁜 아이디어를 재사용하는 것은 괜찮다). f, blah, procFshDBCnt2와 같은 이름은 서브루틴의 목적을 숨기는 좋은 예로, 어떠한 의미도 갖지 않거나 암호화된 텍스트라는 것을 알 수 있다.

만약 동료가 나쁜 이름 말고 더 나은 이름을 원한다면, 이해할 수 없는 이름 보다는 모호한 이름을 시도해 볼 수도 있다. doProcess나 runComputation 같은 이름은 특정 정보를 담고 있지 않기 때문에 아주 훌륭하다.

또한, 서브루틴에 모든 것을 충분히 설명하지 못하는 이름을 부여해서 장난 칠 수도 있다. 이렇게 하면 동료들에게 보이지 않는 부작용을 몰래 숨길 수 있다. 예를 들어, 누군가가 파일 내의 문자열을 검색하는 searchInFile이라고 이름

지은 서브루틴을 사용한다고 해보자.

```java
File myFile = new File(path);
if (searchInFile(myFile, "gold")) {
    // 문자열을 찾았을 때 할 일

}
```

"gold"를 찾는 프로그래머는 서브루틴을 그다지 깊게 들여다보지 않았다. 그러나 그들이 검색한 파일이 몇 차례 갑자기 사라지는 이상한 일을 나중에야 발견했다. 힘겨운 디버깅 후에 마침내 searchInFile 메소드를 살펴보았다.

```java
boolean searchInFile(File f, String text) {
    BufferedReader br = new BufferedReader(
            new FileReader(f));
    String line;

    while ( (line = br.readLine()) != null) {
        if (line.contains(text)) {
            return true;
        }
    }
    f.delete();
    return false;
}
```

와우! 여러분의 충직한 서브루틴이 파일에서 텍스트를 검색할 뿐 아니라 검색한 용어가 나오지 않는 경우에 파일을 지워버리는 바람에 이를 의심하지 않은 프로그래머가 문제의 세계에 빠져들었다. 하지만 서브루틴의 이름에는 전혀 그런 내용이 언급되어 있지 않다.

☠ 높은 복잡도

서브루틴이 여러 다른 코드 블록을 "연결한다"고 생각할 수도 있다. 연결하는 기술에 따라서 그 결과는 단순할 수도, 복잡할 수도 있다.

우리는 이미 복잡하게 만드는 아이디어를 마주했었다. 앞의 챕터들에서 지나치게 복잡한 조건을 만들었고(챕터 4), 머리를 많이 쓰게 하는 반복문을 작성했다(챕터 5). 감사하게도, 나쁜 습관의 대부분은 서브루틴에서도 동일하게 이어진다. 서브루틴에는 일반적으로 조건문과 반복문이 혼합되어 있기 때문에 서브루틴에 동일한 내용을 적용할 수 있다는 사실은 전혀 놀랍지 않다. 즉, 서브루틴에 복잡한 반복문이나 조건문을 넣으면 서브루틴이 고통받게 된다는 것이다. 이 내용을 다시 확인하고 싶다면 앞으로 돌아가라.

추가 반복문이나 다른 조건문을 서브루틴에 추가할 때마다 의사결정이 필요한 if문이나 while문 등이 생성되기 때문에, 가능한 서브루틴의 경로가 더 늘어난다(그림 2-2 참고). 모든 경로는 다른 가능성에 대해서 확인해야 한다. 더 많은 길을 찾는다는 것은 독자의 정신적 부담을 가중시키고, 코드에 문제를 발생시킬 위험을 높인다.

그렇기 때문에 복잡도는 서브루틴 크기보다 문제를 일으킬 가능성이 더 크다. 실제로, 상대적으로 크기는 작지만 지나치게 복잡한 서브루틴을 작성할 수 있다. 다음의 예를 보자.

```
for (CustomerOrder order : orders) {
  vatRate = 0;
  if (order.isDomestic()) {
    vatRate += 0.15;
  } else {
    for (Country country : counties) {
      if (country.equals(order.getOrigin()) &&
        country.hasNoVatException()) {
        vatRate += country.getVatRate();
      }
    }
  }

  itemAmount = 0;
  for (Item item : order.getItems()) {
    if (item.isDiscounted()) {
      itemAmount += item.getPrice();
    }
    else {
      itemAmount += item.getDiscountedPrice();
    }
  }
  orderAmount = itemAmount * vatRate;
}
```

이 서브루틴은 길이가 약 15줄이다. 하지만 의사결정이 필요한 것은 8줄이다.
이 숫자는 실제로 소프트웨어 모범 사례 작성자 중 일부가 권장하는 최대 수준
에 가깝다.

ⓘ 주의하기!

다양한 방법으로 복잡한 코드를 작성할 수 있지만, 이 책은 지금까지 간단하고 쉽게 받아들여 질 만한 것(코드를 통해 가능한 경우의 수를 세는 것)에 중점을 두고 있다. 실제로 이는 순환 복잡도(Cyclomatic complexity)라는 이름으로 불린다(McCabe, 1976).

순환 복잡도를 계산하면 서브루틴이 얼마나 복잡한지 알 수 있다. 계산은 1부터 시작한다(모든 경로는 최소 하나의 경로를 가지고 있다는 의미). 거기서부터 루틴의 각 의사결정 지점 수를 세어라. 의사결정 지점은 다음 중 하나이다.

- 비교를 하기 위한 조건문 혹은 반복문(if, while, for, case 등)
- 표현식의 이진 연산자(&&, ‖ 등)

항목마다 서브루틴의 순환 복잡도에 1을 더한다. 예를 들어 보자.

```
for (CustomerOrder order : orders)
```

위의 코드는 1을 더한다.

```
if (country.equals(order.getOrigin()) &&
    country.hasNoVatException())
```

위의 코드는 if와 &&이 있으므로 2를 더한다.

서브루틴에 포함된 의사결정 지점이 많을수록 그것을 이해하고 의도한 대로 동작하는지 검증하기 위해 더 많은 노력을 기울여야 한다. 권장되는 최대치는 다양하지만, 일반적으로 10에서 15이다(McConnel, 2003; Watson and McCabe, 1996).

서브루틴의 복잡도를 줄이기 위한 간단한 방법은 다음과 같다.

- 의사결정 지점의 표현을 단순화해라.
- 서브루틴 내에 중복된 코드를 제거해라.
- 복잡한 코드는 서브루틴 안으로 이동시켜라.[3]

마지막 예제를 보자.

```
for (CustomerOrder order : orders) {
    vatRate = calculateTaxRate(order);
    itemAmount = calculateOrderTotal(order.items());
    orderAmount = itemAmount * vatRate;
}
```

---

[3] 이는 전체적인 복잡도를 줄이지는 않지만 프로그램의 특정 부분을 이해하려는 독자에게는 도움이 된다.

코드 중 일부는 서브루틴 안으로 이동시켰다. 이렇게 하면 서브루틴의 복잡도가 2로 줄어든다. 이 안에서 호출하는 각각의 서브루틴은 복잡도가 5 이하이다.

👾 많은 일을 맡기자

야생에서 살아남아야 한다면, 하나의 얇은 날을 가진 칼과 다목적 스위스 군용 칼 중 무엇을 선택하겠는가? 롤플레잉 게임에서 하나의 스킬만 가진 약골과 모든 스탯을 갖춘 최고의 전사 중 무엇을 선택하겠는가? 보나 마나 다재다능한 경우가 항상 이긴다.

같은 논리를 서브루틴에 적용하면, 최고의 서브루틴은 다재다능하며 다양한 기능을 수행해야 한다는 결론을 내릴 수 있다. 서브루틴은 할 수 있는 것이 많으면 많을수록 좋다.

고객 주문을 접수하기 위한 코드를 작성해야 한다고 가정해 보자. 프로그램은 주문을 확인하고, 화면에 출력하고, 데이터베이스에 이를 저장해야 한다. 이 경우에, 당신은 모든 작업을 수행하는 하나의 서브루틴을 작성해야 한다.

```java
void acceptOrder(CustomerOrder order) {
    // 주문 확인
    if (order.getName().length() == 0 &&
        order.getItemNumber() == 0) {
        // 오류 메시지를 표시
    }

    // 출력
    System.out.println("Order: " + order.getId());
    System.out.println("Name: " + order.getName());
    System.out.println("Items:");
```

```
  for (OrderItem item : order.getItems()) {
    System.out.println(" - " + item);
  }

  // 저장
  DbConnection conn = openDbConnection();
  conn.saveOrder(order);
  conn.close();
}
```

위 코드는 모든 것을 할 수 있다. acceptOrder는 스위스 군용 칼이나 다재다
능한 비디오게임 캐릭터와 같다. 따라서 이 코드는 좋은 코드이다. 그렇지 않은
가?

❗ 주의하기! ··

그렇지 않다. 서브루틴은 하나의 작업에 집중해야 한다.

acceptOrder의 주요 문제점은 서브루틴이 "모 아니면 도" 라는 데 있다. 이 프로그램은 고객
주문의 확인, 출력, 저장을 모두 동시에 하거나 아무것도 하지 않을 수 있다. 그러면 좀 더 세
밀하게 제어해야 할 필요가 있을 때는 어떻게 해야 하는가? 가령 프로그램이 간혹 화면 출력
없이 접수만 해야 할 필요가 있다면 어떻게 할 것인가? 때때로 주문 확인과 출력은 해야 하지
만 일시적으로 데이터베이스 대신 디스크에 저장해야 할 경우에는 어떻게 할 것인가? 현재의
acceptOrder는 이를 허용하지 않는다. 다목적 서브루틴은 동작에 있어서 엄격한 순서를 강
요하기 때문이다.

이를 처리하기 위한 다양한 옵션들이 있다. 가장 수용성이 낮은 접근법으로는 기존 서브루틴
을 약간 수정해서(예: acceptOrderSilently, acceptOrderStoreToDisk) 추가하는 방법이 있
다. 좀 더 수용 가능한 해결책은 acceptOrder를 다목적으로 유지하되 호출 시 동작을 제어할
수 있는 매개변수를 추가하는 것이다.

```
void acceptOrder(CustomerOrder order, boolean printOrder) {
  // 주문 확인
  if (order.getName().length() > 0 &&
```

```
      order.getItemNumber() > 0) {
        // 오류 메시지를 표시
    }

      // 출력
    if (printOrder) {
      System.out.println("Order: " + order.getId());
        // 기타...
```

이 경우, 서브루틴 내의 각 작업을 밖으로 빼내는 것이 더 좋다.

```
  boolean isValid(CustomerOrder order) {
    return order.getName().length() > 0 &&
        order.getItemNumber() > 0;
  }

  void printOrder(CustomerOrder order) {
    System.out.println("Order: " + order.getId());
    System.out.println("Name: " + order.getName());
    System.out.println("Items:");
    for (OrderItem item : order.getItems()) {
        System.out.println(" - " + item);
    }
  }

  void saveOrderToDb(CustomerOrder order) {
    DbConnection conn = openDbConnection();
    conn.saveOrder(order);
    conn.close();
  }
```

위 방식은 더 간단한 서브루틴을 필요한 만큼 다른 방식으로 결합하여, 향후 새로운 유스케이스를 추가할 수 있는 옵션을 제공한다.

융통성 있고 다목적이어야 하는 것은 개별 서브루틴이 아닌 프로그램이다. 프로그램을 스위스 군용 칼로, 각기 단일 목적에 맞게 조정된 서브루틴을 개별 칼날로 생각해라.

03 | 매개변수를 악용하기

서브루틴은 작업할 때 정보가 필요하다. 이를 제공하는 좋은 방법은 매개변수를 통한 것이다. 하지만 이 방법이 낫다고 해서, 악용되지 않는다는 것을 의미하지는 않는다.

☠ 매개변수는 많을수록 좋다

10개의 매개변수를 가지는 프로시저가 있다면 무엇인가 잘못되었을 가능성이 있다.

- Alan Perlis (1982)

서브루틴이 수용해야 하는 매개변수의 수와 관련하여, 프로젝트에 속한 다른 사람들은 아마도 일반적인 라인 수인 약 2~3줄 정도로 작게 유지하라고 할 것이다. 동료들은 당신이 이렇게 할 것을 기대할 것이고, 심지어 다음과 같은 몇 가지 예를 지적할 수도 있다.

```
boolean isOldEnough = isAdult(age);
String name = germanName.replace("ß", "ss");
```

또한 그들은 매개변수 목록을 작게 유지하는 것이 서브루틴을 작게 유지하고 목적에 집중할 수 있도록 만든다고 말할 것이다. 하지만 그런 동료들은 당신의 임무를 잘못 이해한 것이다. 그들의 규칙에 따르지 말아라. **"클수록 좋다"**와 같은 해서는 안 되는 규칙을 따라야 한다. 이것이 바로 많은 매개변수를 선호해야 하는 이유이다.

```
    void processCustomer(String forename,
        int age, List<Order> orders,
        String phoneNumber, String surname,
        Date dateOfBirth, String mothersMaidenName,
        boolean marketingEmails)
```

힘들겠지만, 이 코드를 마주하고 마음에 떠오르는 질문이 있는 동료의 입장이 되었다고 상상해 봐라. 이 서브루틴의 목적은 무엇인가?[4] 모든 매개변수가 필요하다면 얼마나 많은 작업을 할 것인가? 모두 꼭 필요한 것인가? 왜 이런 순서로 되어 있는가?

❗ 주의하기! ···

매개변수 목록이 너무 길어지는 데는 일반적으로 다음과 같은 두 가지 이유가 있다.

1. 서브루틴이 너무 많은 일을 하려고 한다.
2. 대부분 또는 모든 매개변수가 새로운 유형으로 통합되는 것이 더 합리적이다.[5]

첫 번째 이유에 관해서는, 이미 이 장의 앞 절에서 너무나 많은 일을 서브루틴이 처리하는 방법에 대해 언급했다("이해하기 힘들게 만들기" 참고).

두 번째 이유와 관련하여, processCustomer에 새로운 고객을 시스템에 추가하는 한 가지 작업만 있다고 가정해 보자. 몇 가지 정보가 필요하지만, 모든 매개변수를 하나의 새로운 타입으로 모음으로써 서브루틴을 얼마나 단순화시킬 수 있는지 보자.

```
    // 새로운 클래스를 생성한다.
    class Customer {
        String forename;
        String surname;
        Date dateOfBirth;
        String mothersMaidenName;
        boolean sendMarketingEmails;
        List<Order> orders;
```

---

[4] 이전 절인 "이해하기 힘들게 만들기"의 나쁜 이름 짓기 전략을 교묘히 재사용했다.
[5] 챕터 9에서 커스텀 타입에 대해서 자세히 다룰 것이다.

```
    }

    // ...

    // ... 그리고 기존의 모든 매개변수를 변경한다.
    void addNewCustomer(Customer newCustomer)
```

☠ 방어적으로 선언하지 마라

방어는 승자와 관련된 단어가 아니다. 승자는 절대로 방어적이지 않고, 항상 공격을 선호한다. 카이사르, 나폴레옹, 패튼, 스톤 콜드 스티브 오스틴과 같은 역사적으로 위대한 사람들 모두 그렇다. 따라서 누군가 서브루틴을 방어적으로 작성하라고 제안한다면, 그들을 패배자처럼 취급해야 한다.

방어적으로 작성된 서브루틴은 잠재적으로 문제가 있는 매개변수에 대해 예방 조치를 한다. 다음과 같은 예를 들 수 있다.

```
void shoutMessage(String message) {
    // 승자의 외침. 메시지를 외치려면 모두 대문자로 바꿔라.
    System.out.println(message.toUpperCase());
}
```

동료들은 메시지 매개변수의 확인 없이는 이를 사용하지 않도록 주의해야 한다. 하지만 패배자는 조심스럽다. 카이사르는 예언자가 3월의 이데스를 조심하라고 주의를 주었을 때 망설였을까? 아니다. 그는 겁도 없이 호위병 한 명 대동하지 않고 원로원으로 향했다(물론 그는 그때 칼에 찔려 죽었지만, 이는 요점을 벗어난 이야기다).

대신, 해서는 안 되는 규칙인 **"어떤 것도 잘못되지 않는다고 가정하라"**를 따르라. 당신의 대담함에는 보상이 따를 것이다. 프로그램이 실행될 때 어떤 영광

이 기다리고 있는지 확인해 보자.

```
Exception in thread "main" java.lang.NullPointerException
    at Main.shoutMessage(Main.java:16)
    at Main.main(Main.java:10)
```

음… 내 생각에는 shoutMessage가 null 매개변수와 함께 호출된 것 같다.

이것은 다음 교훈으로 이어진다: 승자들은 "최악이야! 하지만 그건 내 문제가 아니야!"라고 외치면서 떠나야 하는 때를 정확히 알고 있다.

❗ 주의하기!

서브루틴 사이의 경계에서 상당한 양의 오류가 발생하는데(Basili and Perricone, 1984), 잘못된 데이터가 그 경계를 넘어가면 오류가 발생할 수 있다. 따라서, 항상 매개변수를 사용하기 전에 점검해야 한다.

간단한 점검[6]은 보통 코드에 몇 줄을 추가하여 수행할 수 있다. shoutMessage의 안전한 버전은 다음과 같다.

```
void shoutMessage(String message) {
    if (message != null) {
        System.out.println(message.toUpperCase());
    }
}
```

다음은 매개변수를 확인하는 예다.

- 메소드를 호출하기 전에 null이 아닌지 확인해라.
- 숫자 값이 예상 범위 내에 있는지 검증해라(예: 제수가 0이 아니어야 하고, 제곱근은 음수가 아니어야 한다).
- 특수한 형태의 데이터가 예상 형태와 일치하는지 확인해라(예: 날짜, 시간, 신용카드 번호).
- 파일에 접근하기 전에 파일이 열려 있고 읽을 수 있는 상태인지 확인해라.

---

[6] 오류를 다루는 기술에 대해서는 챕터 7에서 상세히 다룬다.

☠ 비밀스러운 서브루틴을 작성하라

사람들은 놀라는 것을 좋아한다. 따라서 프로그램이 예기치 않은 작업을 수행하도록 하는 것은 아주 좋은 아이디어다. 매개변수에 있어서 놀라움을 유발할 수 있는 가장 좋은 방법은 예상치 못한 시점에 서브루틴이 매개변수 값을 변경하도록 하는 것이다. 프로그래머가 다음 메소드를 봤다고 생각해 보자.

void addCustomerToList(Customer c, List<Customer> customers)

addCustomerToList를 호출할 때 합리적으로 할 수 있는 예상은 customers 매개변수의 값이 변경되는 것이다. 하지만 다음의 메소드를 호출하면 목록이 변경되지 않은 상태로 유지될 것으로 예상한다.

void outputList(List<Customer> customers)

당신은 이러한 예상값을 생각하고, 서브루틴에 원치 않는 놀라운 부작용을 숨기는 방법을 배워야 한다. 예를 들어 보자.

DisplayBoard는 기차역에서 볼 수 있는 안내 화면으로, 표시 가능한 공간이 부족해질 때까지 보드에 메시지를 계속 추가할 수 있다(이 알림판은 최대 280자를 표시할 수 있다). 메시지를 추가하기 전에 메시지가 화면에 잘 들어맞는지 다음과 같이 확인할 수 있다.

```
if (displayBoard.fits(message)) {
    displayBoard.add(message);
}
```

다음은 DisplayBoard 코드 중 데이터 필드만 포함하는 첫 번째 부분이다.

```
class DisplayBoard {

    // 디스플레이에 표시되는 부분

    StringBuilder text;


    // 기타...
```

다음은 add 메소드다.

```
public void add(String message) {

    text.append(message);

}
```

별다른 내용은 없다. 다음은 fits 메소드다.

```
public boolean fits(String message) {

    return text.append(message).length() <= 280;

}
```

아. 검토할 때 지나칠 수 있는 문제가 하나 있다.

fits 메소드는 예상한 대로 검사만을 수행하지 않는다. 변경 작업도 수행한다. fits 메소드는 수정된 메시지의 길이만 확인하는 것이 아니라, 실제로 새 메시지를 보드에 추가한 후에 전체 텍스트의 길이가 280자 이하인지 여부를 반환한다. 따라서 메시지를 보드에 추가하기 전에 fits 메소드를 통해 메시지가 화면에 들어맞는지 확인하면, 보드에 메시지가 두 번 나타나게 되는 것이다!

04 | 반환값으로 골탕먹이기

서브루틴은 값을 받아들일 뿐만 아니라 반환할 수도 있다. 매개변수와 마찬가지로, 동료들은 반환값에도 일어나지 않았으면 하는 사항들이 있다. 그중 일부를 살펴보자.

종말의 귀환

챕터 3에서 살펴봤듯이[7] null 값은 위험하다. 당신이 "null pointer exception"을 읽는 것보다 더 빨리 프로그램을 죽일 가능성이 있다. 챕터 3에서는 서브루틴의 반환값이 null이 아닌지 사전에 확인하지 않고 사용하여 오류의 씨앗을 심는 예를 볼 수 있었다.

이제 호출자와 수신자의 경계를 넘어서서 이 케이스를 다시 살펴보자. 말하자면, 당신은 수신자 측에서 버그를 만들어내도록 장려하여 코드 작성자가 반환값을 결정하도록 할 수 있다. 물론, 몇몇 지점에서는 실제 객체를 반환해야하지만 많은 언어는 서브루틴의 여러 지점에서 반환하는 것을 허용한다. 따라서 null을 반환하는 지점을 많이 뿌려 놓는 것이 좋은 출발이다. 예를 들어, 컬렉션을 반환하는 서브루틴은 컬렉션에 넣을 내용이 없거나 오류가 발생할 때 null을 반환할 수 있다.

한마디로, 무엇을 반환해야 할지 확신이 안 선다면 의심 없이 null을 반환하라.

---

[7] "NULL – 종말의 신호" 절 참고

❗ 주의하기! ··

다음은 서브루틴에서 null을 반환하는 것보다 나은 대안이다.

- 서브루틴이 반환할 내용이 없을 때는 null 대신에 비어 있는 컬렉션을 반환해라.
- 문제가 발생한 서브루틴은 예외를 둬라.
- 사용자 지정 타입을 반환해야 한다면 null 대신 빈 문자열이나 기본 날짜와 비슷한 기본 값을 설정해라.

일부 언어는 강력한 null 안전성을 갖추고 있다. 이 언어들은 프로그래머에게 변수가 null을 허용하는지 여부를 지정하도록 강제하고, null을 반환할 수 있는 모든 곳에 null 처리 코드를 포함할 때까지 모든 프로그램 컴파일을 거부한다.

자바는 이러한 언어가 아니다. 그러나, 챕터 3에서 설명했듯이, Optional 타입을 제공하여 객체가 null인지 아닌지 명확하게 하고 서브루틴의 호출자가 이를 고려하도록 한다. 하지만 자바에서는 Optional 타입의 사용을 강제하지 않기 때문에 이는 선택사항이다.

··

☠ 출력 매개변수를 가지고 놀아라

매개변수 값을 변경하는 서브루틴은 몇몇 놀라운 혼란을 야기할 수 있다. x-y 좌표를 이동하는 단순한 서브루틴 예제를 살펴보자.

```
void move(int x, int xDistance, int y, int yDistance) {
    x = x + xDistance;
    y = y + yDistance;
}
```

move를 호출하는 일반적인 방법은 다음과 같다.

```
move(x, 10, y, -20);
```

별 특이점은 없다. 모든 이동 경로를 기록하는 다른 서브루틴과 비교해 보자.

```
void recordMovement(int x, List<Integer> xs,
    int y, List<Integer> ys) {
  xs.add(x);
  ys.add(y);
}
```

이 역시 매우 단순하다. 그렇다면 코드의 결과가 무엇일지 생각해 보자.

```
int xPos = 5;
int yPos = 5;
List<Integer> xMoves = new ArrayList<>();
List<Integer> yMoves = new ArrayList<>();

System.out.println("X: " + xPos + ",  Y: " + yPos);

move(xPos, 10, yPos, -20);
recordMovement(10, xMoves, -20, yMoves);

System.out.println("X-Movements: " + xMoves);
System.out.println("Y-Movements: " + yMoves);
System.out.println("X: " + xPos + ", Y: " + yPos);
```

프로그램은 무엇을 출력할까? 다음의 물음표 안에 들어갈 값은 무엇일까?

```
X: ?, Y: ?
X-Movements: ?
Y-Movements: ?
X: ?, Y: ?
```

❗ 주의하기!

정답은 다음과 같다.

    X: 5, Y: 5
    X-Movements: [10]
    Y-Movements: [-20]
    X: 5, Y: 5

왜 xPos와 yPos의 값은 변하지 않고, xMoves와 yMoves는 변했을까? 다르게 생각해 보면, 자바의 평가 전략이 당신을 곤란하게 만들었을 가능성이 있다.

평가 전략은 서브루틴을 호출하여 인수가 전달될 때 무엇이 전달되는지를 정확히 설명한다. 언어마다 다른 전략을 사용하기 때문에 선택한 언어가 어떤 전략을 적용했는지 알아야 한다. 자바는 항상 call-by-value를 사용하는데, (인수 자체가 아닌) 인수의 값이 새로운 지역변수 (예: 매개변수)에 복사되는 것을 의미한다. 기존의 변수는 서브루틴에 의해서 변경될 수 없다. 하지만 모든 타입을 기본형과 참조형으로 나누는 자바의 타입 시스템은 약간 복잡하다.

int 같은 기본형 타입은 변수의 실제 값을 저장한다. move 메소드를 호출하는 동안 xPos와 x 라는 두 개의 변수가 있으며, x는 이동하기 위한 지역변수이다.

```
void move(int x, int xDistance, int y, int yDistance) {
    // x=5, y=5, xDistance=10, yDistance=-20
    x = x + xDistance;
    // 이 지점에서 x=15, xPos=5
    y = y + yDistance;
}
```

따라서 move 메소드에서 x = x + xDistance를 실행하더라도 기존의 xPos의 값이 변경되지 않는다. 단지 지역 매개변수만 바뀐다. 이러한 이유로, move 메소드가 동작 완료된 후에도 xPos와 yPos의 값은 5로 유지된다.

ArrayList와 같은 참조형 타입은 메모리에 객체의 위치를 저장한다. 따라서 참조형 타입을 메소드에 전달하면 메모리에 있는 객체의 위치가 매개변수에 복사된다. 즉, 변수 xMoves와 매개변수 xs는 서로 다른 이름이지만 동일한 객체를 가리킨다.

```
void recordMovement(int x, List<Integer> xs,
        int y, List<Integer> ys) {
    // x=10, xs=[], xMovements=[]
```

```
        xs.add(x);
        // 이 지점에서 xs=[10], xMovements=[10]
        ys.add(y);
    }
```

이러한 매개변수에 상태를 변경하는 메소드를 호출하면, 기존 객체에 자기 자신을 변경하라는 메시지를 보낸다. 따라서 이 예제에서, xs.add(x)를 실행하여 변경된 사항들은 move 메소드가 완료된 후에도 계속 표시된다.

이 예제에서 코드 작성자는 단순히 매개변수의 값을 바꾸기 위해 서브루틴에 전달되는 출력 매개변수를 사용하려고 했다.

- recordMovements 메소드의 경우, xMoves와 yMoves는 출력 매개변수다.
- move 메소드의 경우, xPos와 yPos는 출력 매개변수가 되기를 의도했지만 자바의 평가 전략이 이를 막았다.

출력 매개변수를 사용하는 것은 본질적으로는 잘못된 것이 아니지만, 최근 이를 사용할 때 어떻게 해야 할지 모르고 어려워하는 경우가 많다. 당신의 동료는 코드 전체에 일관성을 유지하기를 바라고, 최근에는 출력 매개변수보다 불변 타입[8]을 사용하는 것을 더 선호하는 현상이 나타나고 있음을 명심하라.

요컨대, 서브루틴이 꼭 변수를 수정해야 한다면 입력 매개변수를 기반으로 새로운 값을 만들고 이를 반환하는 것이 출력 매개변수를 사용하는 것보다 낫다. 출력 매개변수의 사용이 꼭 필요한 경우에는 예외로 둬라.

....

[8] 불변 타입의 값은 한번 설정되면 바꿀 수 없다.

Memo

chapter

7

오류 처리

누구나 실수를 할 수 있다. 하지만 어리석은 자만이 그 실수를 계속한다.

- Cicero

짐작도 못 했겠지만, 오류 처리를 엉망으로 만드는 것은 프로그램에 문제를 일으키는 좋은 방법이다. 이번 챕터에서는 버그가 번성하는 데 필요한 공간을 제공하는 다양한 방법에 대해서 다룰 것이다.

01 | 모든 것이 문제없이 잘될 거라고 가정하기

프로그래밍 원로들은 일반적으로 코드를 작성할 때 최악의 경우를 가정하라고 충고한다. '현명한' 사람들은 "모든 것은 항상 잘못될 위험이 있다. 그러므로 프로그램은 언제든 오류를 예측할 수 있어야 한다"고 말한다. 불쌍한 악마들. 그들은 경험이 많을지 모르겠지만, 그 경험으로 인해 끊임없이 버그의 공포 속에서 살아가는 편집증 환자처럼 변해 갔다.

프로그램이 실행되는 동안 많은 일들이 잘못될 수 있다. 이때 좋은 조언을 해주는 유일한 선생님은 타조다. 타조처럼 문제가 생겼을 때 머리를 모래 속에 넣고 그 문제를 무시해 버리면 소프트웨어를 안정시키지는 못하더라도 행복한 삶을 살 수는 있다.

🐾 체크하지 마라

챕터 6에서 이미 방어적인 것'과 그러한 행동이 얼마나 패배자 같은지 이야기했다. 입력을 처리하기 전에 입력 내용을 검증하는 것은 나쁠 것이 없어 보이지만 이는 사실 편집증에 걸리는 지름길이다. 체크하지 마라. 체크하기 시작했다간, 당신도 모르는 사이에 문서를 작성하고, 표준을 준수하며, 버그 데이터베이스를 사용하게 될 것이다. 이런 일이 생기면, 어떤 희망도 남지 않는다.

방어적 프로그래밍의 한 가지 예는 다음과 같이, 입력값을 조작하기 전에 예상된 값인지 검증하는 것이다.

---

¹ "방어적으로 선언하지 마라" 항 참고

```java
if (message != null) {

    System.out.println(message.toUpperCase());

}
```

이런 형식은 반드시 피해야 한다. 하지만 다른 형태의 방어적 프로그래밍 또한 주의해야 한다. 일부 프로그래밍 생성자는 예상치 못한 결과를 처리하는 방법을 제공한다. 예를 들어, switch문은 많은 언어에서 선택적으로 적용할 수 있는 default가 있다. default 블록의 코드는 테스트된 표현식의 값이 case와 일치하지 않으면 실행된다

```java
String drinkOrder = getNextOrder();

// 음료별 가격을 대입함
Map<String, Integer> invoice = getCurrentInvoice();
switch (drinkOrder) {
  case "Cappuccino":
    invoice.put(drinkOrder, 399);
    break;
  case "Latte":
    invoice.put(drinkOrder, 449);
    break;
  case "Mocha":
    invoice.put(drinkOrder, 499);
    break;
  default:
    System.out.println("Unknown drink: " + drinkOrder);
    break;
}
```

이 예제에서, 프로그램은 음료별 가격을 입력한다. 프로그램에서 음료를 인식하지 못한 경우(예상치 못한 결과가 나올 수 있음)에 음료 가격을 처리할 수 없으며, 사용자에게 이 사실을 알려야 한다.

따라서 default는 예상치 못한 결과를 처리하는 일종의 포괄적인 값이다. 말하자면 default절은 잠재적 문제를 잡아낼 수 있는 편집증적 코드를 들여오는 방법이다. 이를 사용하는 것은 방어형 코더들이 당신을 영입하려고 하는 또 다른 방법이다.

☠ 검증하지 마라

사실 방어형 프로그래머가 당신에게 접근할 수 있는 방법은 아주 많다. 그들은 사탕같이 달콤한 툴과 기술을 주면서, 써보고 마음에 드는지 확인해 보라며 유혹한다.

그냥 싫다고 해라. 그렇지 않으면 어느새 그 매력에 빠져들고 말 것이다. 특히 그중 강력한 툴은 많은 프로그래밍 언어가 갖고 있는 assertion(검증 구문)이다. assertion은 특정 조건의 참/거짓을 테스트할 수 있는 구문으로, 프로그램 내의 원하는 지점에 넣을 수 있다. 조건의 결과가 참이면 추가 조치가 없지만, 거짓이면 프로그램은 그 즉시 종료된다.[2] 아래 예제를 보자.

```
void getTemperatureInKelvin() {
    // 섭씨로 온도를 읽기
    double temperatureC = getReading();

    // 켈빈 온도로 변환하기
    temperatureK = temperatureC + 273.15;
```

---

[2] 자바에서는 AssertionError 객체를 오류로 던진다.

```
    assert temperatureK >= 0 : "Invalid temperature!";
}
```

켈빈 0도는 물리적으로 더 낮은 온도는 불가능한 절대값 0이기 때문에 켈빈 온도에서 음수는 무엇인가가 매우 잘못되었다는 것을 의미한다.

assertion 지지자들은 "이거 봐봐, 얼마나 유용한데…"라고 당신이 솔깃할 만한 주장을 하며 이를 팔려고 할 것이다. 아마 다음과 같은 주장을 할 수도 있다.

+ 가설을 쉽게 검증할 수 있다.
+ 코드 한 줄만으로 매우 빠르게 작성할 수 있다.
+ 강제로 사용해야만 하는 것은 아니다. 실제로 assertion은 기본적으로 꺼져 있다. 어떠한 영향을 주기 위해서는 assertion을 활성화시켜야 한다.[3]

assertion을 전적으로 피하는 것 외에도 assertion을 사용하는 유일한 방법은 이를 오용하는 것이다.

오용하는 한 가지 방법은 배타적 오류 처리 수단으로 사용하는 것이다. 이는 단순한 이진 특성을 활용한다. 오류가 전혀 심각하지 않은 경우에도 모든 것이 엉키거나(프로그램은 계속 진행됨) 무언가 잘못되어 프로그램이 불타 버릴 수 있다. 또한, assertion은 일반적으로 기본값이 해제되어 있는 상태이므로, assertion 에 의해 수행된 오류 검사는 일반적인 상황에서 존재하지 않을 수도 있다.

assertion을 오용하는 또 다른 방법은 assertion 구문 내에서 상태를 변화시키는 동작을 수행하는 것이다. 다음을 보자.

```
void haveBirthday() {
    // 이 메소드는 나이를 1 증가시킨다.
    assert (age++ > 0) : "Invalid age!";
}
```

---

[3] 자바에서 프로그램 수행 시에 –ea 매개변수를 주어야 동작한다.

이 코드는 생일을 시뮬레이션하여 나이를 1 증가시키는 코드이다. 실제 기능인 age++(age = age + 1과 동일)는 assertion 구문과 결합되어 있다. 코드의 줄 수를 교묘히 줄였지만 프로그램은 assertion이 켜져 있을 경우에만 정상적으로 동작한다.

⚠️ **주의하기!** ....

assertion은 일반적으로 가정을 명확히 하고 불가능한 상황을 가능하게 하기 위해 사용한다(예외 처리를 사용하면 심각한 유형의 문제를 보다 상세히 처리할 수 있다 - 다음 절 참고). assertion은 종종 사전 조건(작업 전에 반드시 만족되어야 하는 것) 혹은 사후 조건(작업 후에 반드시 만족되어야 하는 것)의 형태를 가진다. getTemperatureInKelvin 서브루틴은 계산 결과가 올바른지 확인하는 기능을 하기 때문에 사후 검증이다.

assertion은 개발이나 테스트를 하는 동안 활성화하는 것이 일반적이다. 프로그램이 출시된 이후에는 거의 활성화가 되지 않는다. 이것이 haveBirthday 서브루틴 예제가 특별한 이유이다. 개발 기간에는 코드가 잘 동작하지만 운영 상태로 바뀌면서 프로그램은 예상대로 작동하지 않을 것이다.

assertion이 동작하여도 상태가 변경되어서는 안 된다. haveBirthday 메소드는 다음과 같이 작성하는 것이 더 좋다.

```
void haveBirthday() {
    age = age + 1;

    // 사전조건: 생일이 지난 후 나이는 반드시 0보다 커야 한다.
    assert (age > 0) : "Invalid age!";
}
```

위의 방법으로 haveBirthday 서브루틴은 assertion의 활성화 여부와 관계없이 작동하게 된다.

....

☠ 오류에 대처하지 마라

이번 절은 타조 전략을 추천하며 시작했다. 여기선 이런 접근 방식이 실제로 효과를 거둘 수 있다.

프로그래밍 언어는 일반적으로 문제가 발생할 경우 수행할 작업을 지정할 수 있는 기능이 있다. 최근 인기 있는 많은 언어들은 예외 처리 형식으로 이러한 기능을 제공한다. 자바에서는 잠재적으로 문제를 발생시킬 수 있는 코드를 try 블록으로 격리시키고, 문제가 발생할 경우에는 catch 블록에서 처리한다.

예외의 가장 큰 장점은 예외를 처리하는 것이 선택적이라는 것이다. 그리고 프로그래밍의 첫 번째 해서는 안 되는 규칙에서 말하듯 **"필수적이지 않은 것은 할 가치가 없다."** 따라서, 호출된 코드가 예외를 발생시키게만 하고 다른 누군가가 걱정할 수 있도록 위험 요소는 무시하자. 운이 좋으면 예외를 들키지 않고 프로그램을 중단시킬 수 있다.

❗ 주의하기!

예외를 무시하는 것은 정말 위험하다. 예외는 코드의 일부분이 예상한 작업을 수행할 수 없음을 나타낸다. 예외를 통해 프로그램을 오작동으로부터 구할 수 있으므로, 당신은 이를 꼭 알아야 한다.

만약 프로그램이 사용자가 제공한 이름의 파일을 열려고 시도하는데 파일을 찾을 수 없다면 어떻게 해야 할까? 끔찍한 충돌? 혹은 문제가 발생했음을 인식하고 사용자에게 이름을 다시 입력하도록 요청하기?

자바는 확인된 예외와 확인되지 않은 예외를 구별함으로써 다른 언어들보다 조금 더 많은 것을 할 수 있다.[4] 자바에서의 예외는 다음과 같다.

- 확인되지 않은 예외는 되돌릴 수 없다고 간주되는 심각한 프로그래밍 오류를 발생시킬 수 있다(ESA, 2004). 이것은 선택적으로 무시할 수 있다.
- 확인된 예외는 드물기는 하지만 정상적인 작동 중에 발생할 수 있다(ESA, 2004). 이것은 무시할 수 없으며 메소드의 중요한 부분에 해당한다.

---

[4] 확실히 이 기능은 널리 사랑 받는 형태와는 거리가 멀다.

다음의 메소드를 살펴보자.

File **getConfigFile() throws** IOException

IOException은 확인된 예외이다. 그러므로 이 메소드를 호출하면 잠재적 예외를 무시하는 선택을 할 수 없다. 반드시 이 코드를 호출할 때 적절한 try 블록으로 감싸 줘야 한다. try 블록 안에서 무엇을 할지에 대해서는 다음 절에서 다룬다.

02 | 문제를 기억의 저편으로 보내 버리기

윈스턴은 원래 메시지와 자신이 작성한 노트를 구겨 기억 구멍에 던져넣어 불길에 소각시켰다.

– George Orwell, 1984(1949)

잠재적인 문제를 무시하는 것은 한계가 있다. 결국 당신의 동료는 프로그램이 문제를 발생시킬 수 있고, 예방 조치를 통해 문제를 처리해야 한다는 사실을 인식하라고 할 것이다. 그렇다면 당신의 선택은 무엇인가?

당신은 효율적으로 오류 처리를 하고 싶지 않으므로, 대신 비효율적인 오류 처리를 실시하고, 예외를 관심가질 가치가 없는 것으로 취급하고, 확인 즉시 무시하고, 억제하고, 기억의 구멍으로 보내야 할 불편한 존재로 여겨야 한다.

☠ 사라진 예외 처리

이전 절에서는 예외를 완전히 무시하라고 조언했다. 하지만 이것이 불가능하다고 말하는 동료와 지나치게 열정적인 프로그래밍 언어는 당신이 그렇게 하지 못하도록 협력한다. 결국 오류 처리 블록을 포함할 수밖에 없을 것이다.

고맙게도, 예외를 무시하는 방법은 여러 가지가 있다. try 블록을 무조건 포함해야 한다면 전체적인 구조를 단순히 뒤집어라. 어떤 것을 잡았다고 해서 꼭 무엇인가를 해야 한다는 뜻은 아니다. 그냥 조용히 그것을 버리는 것은 어떨까?

다음의 예제를 보자. 사용자는 어플리케이션에서 사용자 임의 설정을 지정할 수 있다. 해당 설정은 파일에 저장된다. 어플리케이션이 구동될 때마다 파일을 열고, 내용을 읽고, 사용자 설정에 따라 환경을 변경시킨다.

```
// 어플리케이션 설정 정보를 담고 있는 파일 위치를 얻기
File configFile = new File(configFileLocation);

try {
    parseConfigFile(configFile);
    // 어플리케이션의 설정을 조정하는 코드는 여기에 추가한다.
}
catch (FileNotFoundException e) {
    // 비워 놓고 아무것도 하지 말아라.
}
```

물론 잘못될 수도 있다. 예를 들면, 설정 파일이 없는 경우가 있을 수도 있다. 이런 경우에도 어플리케이션은 사용자 설정 없이 계속 작동한다. 이로 인한 영향은 두 가지가 있다.

1. 사용자는 자신의 설정이 누락된 것을 확인할 수 있지만 그것만으로는 정확히 어떤 이유인지 확인하기 힘들다. 무슨 일이 생겼는지 설명할 수 있는 것이 아무것도 없기 때문이다.

2. 예외를 조용히 누락한다. 그러면 사용자가 (필요에 따라) 불만을 제기할 경우, 프로그래머가 문제를 확인할 때 도움이 되는 단서를 남기지 않을 수 있다.

🐛 그냥 문제를 보여 주는 것은 매우 좋지 않다

문제를 해결하는 간단한 방법은 문제를 보고하는 것이다. 하지만 누가 나쁜 소식을 전하고 싶어 할까? 당신은 아닐 것이다. 하지만 그럼에도 불구하고 당신의 손으로 직접 몇 종류의 오류 보고를 해야 한다면, 도움이 되지 않는 문제를 보고할 수 있다.

무엇인가 잘못되었을 때, 당신은 프로그램에서 메시지를 출력하도록 하라는

지시를 들을 수도 있다. 원하는 대로 해줘라. 대신, 가능한 한 눈에 띄지 않게 해라. 예를 들어, 프로그램이 화면에 보이는 형태라면, (System.out.println 같은) 기본 출력문을 사용하여 문제를 보고해라. 이런 메시지는 콘솔로만 전송되기 때문에 화면에 보이지 않을 것이다.

이 방법이 실패하면, 문제가 발생했을 때 사용자에게 중요한 메시지가 표시된다. 이 경우, 가장 좋은 방법은 사용자에게 부적절한 기술과 복잡한 정보를 제공하여 정신을 못 차리게 만드는 것이다. 전문 용어, 오류 코드 및 stack trace가 포함된 메시지 같은 것 말이다(그림 7-1).

그림 7-1 잘못된 오류 메시지의 예

사용자에게 정보를 주는 것보다 혼란스럽게 하는 것이 낫지 않은가?

❗ **주의하기!** ....

문제를 보고할 때, 확인하는 사람에 따라 보고의 위치와 내용이 달라야 한다.

사용자용 오류 메시지는 사용자의 기술 수준을 고려해서 작성해야 한다. 사용자를 특정할 만한 방법이 없다면, 사용자가 프로그래머가 아니라고 상상해야 한다. stack trace와 오류 코드는 그들에게 전혀 도움이 되지 않는다. 무엇이 잘못되었는지, 그리고 잘못된 것에 대해서 무엇을 할 수 있는지를 비기술적인 언어로 명확히 설명해야 한다.

```
File configFile = new File(configFileLocation);
try {
    parseConfigFile(configFile);
```

```
        }
```

catch (FileNotFoundException e) {

// 대화창에 비기술적인 정보를 사용자에게 제공하여 도움을 준다.

Alert alert = **new** Alert(AlertType.ERROR);

alert.setTitle("Configuration problem");

alert.setHeaderText("Configuration information was lost or corrupted.");

alert.setContentText("The application will continue to run with default

settings. Please contact your system administrator.");

alert.show();

```
}
```

그러면 그림 7-2와 같은 메시지가 사용자에게 나타날 것이다.

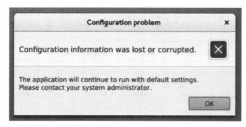

그림 7-2 더 정보화된 오류 메시지의 예

기술 정보를 많이 넣는 것은 프로그램 작성자에게게만 유용하다. 그 정보는 나중에 프로그래머
가 문제를 진단할 때 검색할 수 있도록 프로그램 로그에 기록되어야 한다. 즉, 보이지 않고 기
록되지도 않는 콘솔에 출력하는 것이 아니라, 파일에 메시지를 작성하라는 말이다. 대부분의
프로그래밍 언어가 이를 위해 자체적인 표준 로깅 기능을 제공한다.[5]

---

[5] 로깅에 대해서는 "챕터 10 디버깅"에서 좀 더 자세히 다룬다.

03 | 해결 미루기

모든 문제는 결국 누군가에 의해서 해결된다. 그 누군가가 내가 아닌 다른 사람이면 더 좋다. 이는 다른 사람이 책임지는 프로그램의 다른 영역으로 문제를 떠넘김으로써 실행할 수 있다. 즉, 아마도 누군가는 힘들고 다치게 할 수 있는 방법으로 문제의 해결을 미뤄라.

🕱 오류 코드를 이용하라

따라서 가능하다면, 지역적으로 예외를 다루는 것에 대한 이전의 현명한 조언들은 모두 관심 밖에 둬라. 문제가 생기면 코드는 반사적으로 책임을 전가할 것이다. 그러면 여기서 질문이 생긴다. 어떤 방식으로 책임을 떠넘길 것인가?

할 수 있다면 가능한 한 비정보적인 방법을 택함으로써, 책임을 전가 받은 수신자가 그 문제에 대해서 전혀 알지 못하게 해야 한다. 매우 조용히 전가하여 쉽게 놓칠 수 있게 해야 한다.

대부분의 언어에서 오류 상태 및 오류 코드는 이런 상태에 잘 맞게 오용될 수 있다. 우리는 챕터 3[6]에서 이미 오류 코드를 만났으며, 일반적으로 예외가 오류 코드보다 선호된다고 배웠다. 당연히 이는 당신이 오류 코드를 더 많이 사용할 수 있도록 충분히 설득했을 것이다. 더 많은 설득이 필요하다면, 다음과 같은 유쾌한 단점을 고려해라.

+ 오류 코드를 반환하면 호출자가 서브루틴을 호출한 특정 위치에서 오류를 처리한다.
+ 새로운 오류 코드가 추가되는 것은 프로그램을 다시 컴파일하고 재배포할 필요가 있다는 것을

---

[6] "타입 체계를 완전히 악용하기" 절 참고

의미한다. 예를 들어, 자바에서 오류 코드는 일반적으로 시스템 전체에 사용되는 enum에 보관된다. 그 결과, enum의 수정은 프로그램의 다른 클래스에 광범위하게 영향을 미친다.

오류 코드가 제한적인 만큼, 훨씬 더 비정보적인 대안이 있다. 바로 오류 플래그이다. boolean 타입을 반환하는 서브루틴(무엇인가 잘못되었을 경우 false를 반환)은 매우 단순하고 놀랄 정도로 모호하다.

```
boolean succeeded = parseXmlFile(myXmlFile);
if (succeeded) {
   // 정상일 경우 실행될 작업
}
else {
   errorPopup("Parse failed. Don't ask why, because I don't know.");
}
```

무엇이 잘못되었는가? 파일을 누락했나? 접근성이 부족했나? XML이 잘못된 형태였나? 호출자는 아무것도 알아낼 수 없고, 정보에 따른 조치를 취할 수 없게 된다. 아마도 서브루틴이 코드를 반환하든 플래그를 반환하든, 두 경우 모두 반환 값이 무시되거나 완전히 누락될 수 있다는 것이 가장 좋은 문제이다.

❗ 주의하기! ···

많은 책과 표준 문서들은 오류 코드보다 예외를 사용할 것을 권장한다(ESA, 2004; Martin, 2009). 일부 자료에서는 오류 코드는 무시해도 되기 때문에 아예 사용해서는 안 된다고 말한다(Microsoft, 2017). 어떤 방식을 선택하든 주요한 차이점을 이해해야 한다.

- 호출자가 서브루틴의 오류 코드를 무시하면 그 코드는 그냥 '사라진다'.
- 호출자가 예외를 무시하면 예외는 처리될 때까지 계속된다. 처리되지 않으면 프로그램이 중단된다.

이것은 예외를 오류 코드보다 더 강력하게 만드는 요소 중 하나다. 예외를 무시하면 문제를 적절한 수준에서 처리할 수 있지만, 완전히 무시해도 문제가 해결되지는 않는다.

···

☠ 혼란스럽게 하라

예외와의 싸움에서 지더라도 모든 것을 잃지는 않는다. 여전히 예외를 사용할 수 있으며, 일부 장점, 특히 유익한 정보를 얻을 수 있는 능력을 무력화시킬 수 있다. 그리고 호출자가 예외를 처리하려고 시도할 때 혼란스럽게 만들 수 있다.

예외는 사용자 정의 메시지와 같은 추가 정보를 첨부할 수 있다. 하지만 해서는 안 되는 규칙 **"필수적이지 않은 것은 할 가치가 없다"**를 명심하라. 문제를 처리하는 것이 꼭 당신의 코드일 필요는 없다. 예를 들어, IOException은 I/O 장치를 사용하는 데 문제가 있을 때 발생하지만, I/O 장치는 문제가 많기로 악명이 높고, 근본적인 문제의 원인은 수천 가지 중 하나일 수 있다.

throw new IOException();

네트워크 연결을 사용하고자 할 때, 이와 같이 예외를 두는 것은 호출자에게 문제가 발생했음을 알리기만 할 뿐이다. 하지만 어떻게 대응해야 할지를 알아내야 하는 불쌍한 중생이라고 상상해 보라. 정확히 무엇이 문제인가? 네트워크를 사용할 수 없었나? 네트워크를 사용할 수는 있었지만 접근이 거부되었는가? URI를 찾지 못했나?

이런 방식은 어떨까?

throw new IllegalArgumentException();

메소드가 여러 개의 인수를 받을 수 있다면, 호출자는 문제가 발생하는 인수를 추측하는 것 말고는 할 수 있는 게 없다.

생각해 보면, NullPointerException, IOException 혹은 IllegalArgumentException과 같이 특별한 형태의 예외를 사용하면 아마도 많은 도움이 될 것 같다. 하지만 모든 다른 유형 사이에서 하나를 선택하는 것은 소중한 시간을 아주 많이 뺏을 수 있다. 그런 방법 대신, 모든 문제에 Exception 클래스를 사용하자. 꽤 많은 시간을 절약할 수 있다.

오류가 발생했을 때, 프로그래머는 이를 진단하기 위해 핵심 정보를 알아야 한다. 동료들은 당신이 정보를 제공해 주기를 기대할 것이다. 정보는 유용한 오류 메시지로부터 나온다.

```
void assignGrade(Student student, int score)
        throws IllegalArgumentException {
  if (score < 0 || score > 100)
  {
     throw new IllegalArgumentException(
       "Score (" + score + ") not in acceptable range (0 to 100).";
     );
  }
  // 기타...
```

또한, 적절히 분류된 예외로부터도 나온다. 예를 들어, 네트워크를 통해 리소스에 접근하려 할 때, 단순히 오래된 Exception 대신에 상황에 맞는 타입을 던지면 도움이 된다.

```
ServerResponse response = getNetworkResource(url);

if (response.getCode().equals("400")) {
  // 400코드는 URL이 유효하지 않다는 의미다.
  // 호출자는 작업을 중지하고 사용자에게 알려야 한다.
  throw new URIException("Tried to access an" + " invalid URL: " + url);
}

if (response.getCode().equals("403")) {
  // 403코드는 요청이 거부되었다는 의미다.
  // 호출자는 사용자에게 아이디와 비밀번호를 요청하고 재연결을 시도할 수 있다.
  throw new AuthenticationException("Access to " + url + " denied.");
}
```

이렇게 하면 호출자는 문제별로 다른 방식으로 대응할 수 있는 선택권을 가지게 된다.

예외를 처리할 때 가장 중요한 것은 "이 코드가 모든 곳에서 예외를 던져야 하는가"이다. 대다수는 로컬에서 예외를 처리할 수 있다면 그렇게 해야 한다고 말한다. 가능한 모든 수단을 동원하여 문제를 떠넘기지 않도록 해라.

··

04 | 어지럽히기

프로그램은 모든 것이 확실하고 질서 정연한 수학적 세계에 살고 있다. 그러나 현실 세계는 어지럽고 무질서하다. 이 두 세계가 충돌할 때 오류와 예외가 발생한다.

이는 오류 처리를 어지럽고 무질서하게 만드는 완벽한 변명처럼 들린다.

☠ 정리하라, 엉망으로

리소스는 현실 세계에 산다. 여기에는 메모리, 파일, 네트워크, 데이터베이스 같은 것들이 포함된다. 그들은 컴퓨터를 유용하게 만들고, 의사소통과 정보 저장 및 표시 같은 일을 가능케 한다.

너무 많은 정보로 인해서 이제는 리소스가 일반적인 상황에서도 여러 문제를 일으킬 수 있다. 리소스는 본질적으로 유한하기 때문에 세심한 관리가 필요하다. 메모리 공간을 초과할 수 없고, 파일을 동시에 쓸 수 없으며, 데이터베이스는 사용자 인증을 필요로 한다.

하지만 일이 잘못되거나, 오류 처리를 혼합물에 추가해야 할 필요가 있을 때 상황은 정말로 혼란스러워질 수 있다. 파일이 예기치 않게 사라질 수 있고, 데이터베이스는 접근을 거부할 수 있으며, 네트워크는 가장 필요로 할 때 죽는 경우가 많다. 이렇게 일이 잘못되어 갈 때, 프로그램의 세심한 리소스 관리가 실패할 수 있다.

프로젝트에 속한 모두는 리소스 처리 코드를 주의 깊게 살펴보고 문제가 발생한 상황에서도 리소스가 제대로 정리되었는지 확인해야 한다. 물론 당신을 제외한 모두가 말이다. 당신은 적절한 리소스 관리가 어렵다는 사실을 활용하여 쉽게 놓칠 수 있는 버그를 여기저기에 놓을 수 있다.

데이터베이스 연결을 예로 들어보자. 데이터베이스는 일반적으로 데이터에 접근하기 위해 별도의 연결 프로그램을 실행한다. 이 프로그램은 제한된 수만큼만 연결할 수 있으므로, 사용 후에는 각 연결을 꼭 닫아야 한다.

```
DbConnection connection =
    database.getConnection(username, password);
ResultSet results = connection.runQuery(
    "SELECT * FROM User WHERE id = " + id);
connection.close();
```

네트워크 연결을 사용한 후에 실수로 연결을 닫지 않았다면 다른 사람이 사용할 수 없는 상태가 된다. close 메소드 호출과 같은 정리 코드를 추가하는 것을 잊어버리기는 상당히 쉬울 뿐만 아니라, 정상적인 조건에서도 정리 코드의 유무와 관계없이 잘못되기 쉽다. 그러나 오류 처리를 사용하면 정리 코드의 작성이 더 복잡해지며 여러 가지 부분에서 잘못될 수 있다.

데이터베이스에 접근할 때 연결을 잃어버리거나, 쿼리가 유효하지 않거나, 인증이 실패하는 등의 상황이 생길 수 있다. 성실한 프로그래머는 예외 처리 코드를 다음과 같이 추가할 것이다.

```
try {
    DbConnection connection =
        database.getConnection(username, password);
    results = connection.runQuery(
        "SELECT * FROM User WHERE id = " + id);
    connection.close();
```

```
    }
    catch (ConnectionException e) {
        // 연결 실패 시 작동
    }
    catch (QueryException e) {
        // 쿼리 실패 시 작동
    }
    // 기타...
```

그리고 이 과정에서 당신은 코드에 버그를 추가했다. 왜일까? 그 이유는
connection.close()에 도달하기 전에 예외가 발생하면 연결이 열린 상태로 계속
유지되기 때문이다.

🛑 **주의하기!** ··

리소스를 사용한 후에는 항상 정리해야 한다. 정리하기 전에 무언가 잘못될 가능성이 있으므
로, 이를 고려하는 메소드를 사용해라. 예외 처리를 지원하는 대부분의 언어에서 try 블록은
finally 절을 포함한다. 이 블록 안의 코드는 예외의 발생 여부와는 관계없이 실행된다.[7]

```
try {
    DbConnection connection =
    database.getConnection(username, password);
    // 접속이 정상적으로 될 경우 실행될 작업
}
catch (ConnectionException e) {
    // 연결 실패 시 작동
}
catch (QueryException e) {
    // 쿼리 실패 시 작동
}
```

---

[7] try 블록 안에 return문이 포함되어 있더라도, finally 블록은 실행된다.

```
finally {
    connection.close();
}
```

더 좋은 방법은, 선택한 언어가 리소스를 자동으로 정리할 수 있다면 이를 사용하는 것이다. 이 방법을 이용하면 정리 코드를 추가해야 한다는 사실을 애써 기억할 필요가 없다. 자바 1.7 버전부터 try-with 블록이 이런 목적을 위해 추가되었다.

```
// DbConnection은 java.io.AutoCloseable 인터페이스의 구현체로,
// try 블록이 끝난 후에 자동으로 연결을 닫는다.
try (DbConnection connection =
        database.getConnection(username, password)) {
    results = connection.runQuery(
        "SELECT * FROM User WHERE id = " + id);
}
catch (QueryException e) {
    // 쿼리 실패 시 작동
}
```

try-with 블록은 try 키워드 뒤에 이 리소스(예제의 connection 객체)를 괄호로 묶는다는 점에서 try 블록과 다르다. 이는 try 블록에 리소스를 닫을 책임을 부여하는 것이다.

Memo

chapter

8

모듈

챕터 소개

모듈은 다양한 방법으로 도움을 준다. 먼저, 소프트웨어 프로그램이 거대해짐에 따라 복잡성을 관리하기 위한 방법이 필요할 때 도움이 된다. 거대한 프로그램을 작고 깔끔한 조각으로 나누면, 프로그램의 특정 부분에 더 쉽게 집중할 수 있다. 또한, 모듈은 프로그램을 좀 더 유연하게 만들 수 있다. 프로그램이 독립 컴포넌트 형태로 구성되어 있으면 소프트웨어를 좀 더 쉽게 개선, 유지 및 재사용할 수 있다.

이러한 모듈의 좋은 점을 읽는 데에 속이 울렁거리기 시작했더라도 걱정하지 마라. 이제부터 이러한 유용성을 무력화시키는 방식으로 모듈을 작성하는 법을 보여 줄 테니 말이다.

용어 노트

모듈은 프로그래밍에서 상당히 탄력적인 용어다. 실제로, 어떤 언어에서는 다른 의미일 수도 있고, 때로는 매우 구체적인 의미를 가지기도 한다.

이 책은 자바를 기본 언어로 사용하지만 모듈의 특정한 의미를 취하진 않는다.[1] 오히려 어떤 프로그래밍 언어에도 적용할 수 있는 일반적인 의미로 이 용어를 사용한다. 따라서 여기에 기술한 원칙은 함수, 메소드, 클래스 또는 패키지와 같은 단위에도 적용될 수 있다.

이 책의 목적에 따라 우리는 모듈을 다음과 같이 이해할 수 있다.

+ 모듈은 독립적이다.
+ 모듈의 데이터를 캡슐화하는 인터페이스를 통해서만 작동하며 상호작용이 가능하다.
+ 일관성 있고 잘 정의된 기능에 초점을 맞췄다.

---

[1] 자바는 모듈 시스템이 포함된 자바 9을 출시하면서부터 이 용어에 의미를 부여했다.

01 | 혼란스럽게 불러오기

당신은 나쁜 일을 하는 방법을 배우기 위해서 이 책을 골랐다. 이것만으로도 당신에 대해 알 수 있다.

예를 들어, 집을 보수하거나 이와 유사한 형태의 육체노동을 한다면, 당신은 완벽한 훌리건이 될 것이다. 공구 상자에 있는 공구를 모두 바닥에 쏟아내고 나서 필요한 공구를 찾을 것이며, 신중하게 선택하지도 않을 것이다.

이번 절에서는 공구를 바닥에 쏟아버리는 것과 같은 프로그래밍 방식을 알아본다.

☠ 모든 것을 임포트하자!

코드에서 모듈을 사용하기 위해서는 먼저 모듈을 가져와야 한다. 일부 언어에서는 가져올 모듈의 일부만 선택할 수 있다. 이러한 경우는 일반적으로 깔끔하게 정리된 공구 상자에서 필요한 부품만을 가져오라고 지시하는 것과 같다.

```
import java.awt.Button
import java.awt.Canvas;
import java.awt.Paint;
```

하지만 이렇게 할 필요가 있을까? 위 방식으로는 타이핑을 많이 해야 한다. 게다가 향후 동일한 모듈에서 다른 무언가가 필요할지도 모른다. 이렇게 더 많은 타이핑을 해야 하는 것에 대한 대비책으로, 모듈의 전체 내용을 가져오는 방법을 사용할 수 있다. 와일드카드를 통해 임포트를 하면 작업이 훨씬 수월해진다.

```
// 모든 AWT 하위 패키지를 가져온다.
import java.awt.*;
```

누가 이의를 제기하겠는가?

❗ 주의하기! ··

와일드카드를 사용해 임포트하는 것이 세계 최악의 프로그래밍 관행은 아니다. 사실, 몇몇 동료들은 아무 말 없이 이를 계속 밀고 나갈 수도 있다. 하지만 어떤 사람들은 이에 반대할 수도 있다.

모듈에서 가져온 것 대부분을 사용하지 않는데 모든 것을 가져오는 것은 자원을 불필요하게 차지하는 것이라는 반대 의견이 있을 수 있다. 그러나, 이는 어떤 언어를 사용했느냐에 따라 다르다.[2]

더 일반적인 반대 의견으로는, 와일드카드를 사용한 임포트가 무의식적으로 이름 충돌을 일으킬 수 있다는 것이다. 예를 들어, 자바의 초창기 버전(버전 1.1)에는 일반적인 GUI 프로그램에 다음과 같은 import문을 포함할 수 있었다.

```
import java.awt.*;
import java.util.*;

// 주문 가능 목록
private List meals = new List();
meals.add("Egg and Mushrooms");
meals.add("Steak and Ale Pie");
meals.add("Omelette");
```

이 경우, 리스트는 java.awt 패키지에 속한 GUI 컴포넌트[3]만 참조했다. 하지만 나중에 자바 1.2로 업그레이드한 후, 동일한 프로그램 코드에서 갑자기 컴파일 오류가 발생했다. 이는 실제로 많은 사람들이 겪은 일이다. 왜냐고? 자바 표준 라이브러리 버전 1.2에 List 인터페이스가 도입되면서 java.util 패키지에도 이 라이브러리가 추가되어, 앞에 나온 코드에서 List에 대한 참조가 모호해졌기 때문이다. 컴파일러는 사용자가 원하는 리스트가 java.util.List와 java.awt.List 중 어떤 것인지 알 수 없었다.

---

[2] 저자도 와일드카드 import가 자바의 성능에 미치는 영향이 매우 적다는 것은 인지하고 있다.

[3] 특히, 선택 가능한 텍스트 항목을 가지는 컬렉션

이러한 이유로 많은 스타일 가이드에서는 와일드카드 대신 명시적인 import를 사용할 것을 권장한다(ESA, 2004; Google, 2017b).

☠ 마음대로 모아서 정리하자

와일드카드 임포트에 대한 선입견이 단순한 망상에 불과하다고 생각한다면, 심심할 때 코드에 import문을 임의의 순서로 추가하여 동료들이 어떤 반응을 보이는지 지켜보자.

```
import java.util.*;
import org.apache.commons.lang3.StringUtils;
import com.google.gson.stream.JsonReader;
import com.google.gson.Gson;
import java.io.*;
import java.awt.Event;
```

❗ 주의하기!

임포트의 구성은 주로 가독성과 관련이 있다. 스타일 가이드[4]는 깔끔하고 일관성 있는 import문이 더 읽기 쉽고, 가독성은 버그 없는 코드를 유지하는 데 중요한 요소이기 때문에 이에 따라 작성하기를 권장한다.

일반적인 지침은 다음과 같다.

- 임포트 순서는 알파벳순으로 한다.
- 계층이 있는 모듈의 경우, 그룹 내 최상위 이름을 기준으로 한다. 예를 들면, com.*가 먼저, 그다음은 net.*, org.*, 기타의 순서이다.
- 비슷한 이름을 가진 모듈끼리 모으고 각 그룹을 빈 줄로 분리해라.

---

[4] Goole, 2017; Mozilla, 2017; Python, 2013 참조

- 가능하다면 import문은 절대경로 전체를 사용해라. 절대로 상대경로를 사용하지 말아라.[5]
- 이름이 매우 긴 모듈은 이름을 바꿔라.[6]

보다 잘 구성된 import문은 다음과 같다.

```
import java.awt.Event;
import java.io.File;
import java.util.ArrayList;
import java.util.HashSet;

import com.google.gson.Gson;
import com.google.gson.stream.JsonReader;

import org.apache.commons.lang3.StringUtils
```

---

[5] 이 규칙은 자바의 경우 항상 임포트할 때 전체 패키지명을 작성해야 하기 때문에 적용되지 않는다.

[6] 이는 자바에서는 불가능하다. 하지만 파이썬 같은 언어에서는 import문을 다음과 같이 작성할 수 있다: import really_longnamed_module → import rlm

02 | 재사용 막기

모든 프로그램은 (최소한) 두 가지 목적을 가진다. 한 가지는 코드가 쓰인 이유이고, 다른 한 가지는 그렇지 않은 것이다.

- Alan Perlis (1982)

소프트웨어 세계는 재사용에 대해 극찬한다. 이미 동료와 선생님은 다른 사람들이 쉽게 재사용할 수 있도록 모듈식 코드를 쓰라며 이야기했을 것이다. 하지만 왜 당신이 힘들게 작성한 코드를 다른 사람들이 무임승차하도록 허용해야 하는가? 동료가 코드를 원한다면, 그들이 직접 작성하게 하자.

이번 절에서는 코드를 공짜로 사용하는 것을 제한하고 프로젝트에서 재사용을 막는 방법에 대해서 설명한다.

🦴 쇼핑 리스트 서브루틴

먼저 재사용 가능한 모듈의 실제 예를 보고 어떤 교훈을 얻을 수 있는지 살펴보자. 우리가 이를 피할 수 있도록 말이다.

자바 프로그래머가 학습 초기에 사용하는 클래스 중 ArrayList와 같은 컬렉션은 재사용할 수 있도록 설계되어 있다. ArrayList는 다음과 같은 메소드를 제공한다.[7]

+ add: 특정 요소를 리스트의 마지막에 추가
+ clear: 리스트의 모든 요소를 제거
+ isEmpty: 리스트에 아무런 요소가 없으면 true를 반환

---

[7] 클래스의 개념은 좀 더 일반적인 모듈(예: 인스턴스화)에서 제외된 일부 속성을 포함한다. 하지만, 여전히 클래스나 서브루틴 등을 사용하여 모듈형 프로그래밍 실습을 할 수 있다.

- size: 리스트의 요소 개수를 반환
- subList: fromIndex(포함)부터 toIndex(불포함)까지의 리스트를 반환
- toArray: 리스트의 처음부터 끝까지 모든 요소를 포함하는 배열을 적절한 순서로 반환

각 메소드는 하나의 작업만을 수행한다. 가령 ArrayList 객체가 여러 작업을 수행하려면 여러 메소드에 대한 호출을 작성해야 한다. 하지만 프로그래밍에서 해서는 안 되는 규칙 중 하나는 **"다목적 모듈을 작성하라. 하나의 작업에만 집중하게 하지 말라"**다. ArrayList의 각 메소드가 하나의 작업이 아닌 여러 개의 작업을 수행한다면 이를 사용하기 얼마나 힘들지 상상해 보자. 예를 들면 다음과 같다.

- add와 size 메소드를 나누는 대신 addAndReturnSize 메소드로 대체해 보자. 이는 리스트에 아이템을 추가해야만 리스트의 현재 크기를 얻을 수 있음을 의미한다.
- subList와 toArray 메소드를 나누는 대신 subListToArray 메소드로 대체하면, 서브 리스트는 리스트가 아닌 배열의 형태로만 얻을 수 있게 된다.

여러 작업을 하나의 서브루틴으로 통합하면 재사용하기 매우 어려워질 수 있다. 통합하여 사용하는 것이 특정 사례에는 적합할지 몰라도 다른 곳에서는 유용하지 않다. 관련성이 적은 작업을 통합할수록 문제는 더 악화된다.

```java
public void doVariousUnrelatedStuff() {
    System.out.println(supplier.getName());
    int price = product.getPrice() - product.getReduction();
    updatePrice(product, price);
    if (date.getMonth() == "December") {
        sendChristmasLeaflet(customer);
    }
}
```

위의 쇼핑 리스트처럼 무작위 업무를 한데 모아 놓은 서브루틴은 재사용될 가망이 거의 없다.

쇼핑 리스트 서브루틴은 코드의 작성자가 특정 문제에 너무 집중하여 몇 가지 작업을 매우 독
자적인 방식으로 결합할 때 발생한다. 우리는 모듈의 기능을 개별적이고 독립적인 작업으로
분리하고, 각 작업에 대한 서브루틴을 제공함으로써 재사용 가능한 코드를 더 많이 만들 수 있
다. 이렇게 하면 동료들도 고마워할 것이다.

그렇다고 자신만의 방법으로 더 복잡한 메소드를 추가로 만들면 안 된다는 의미는 아니다. 예
를 들면, 다음의 두 가지 메소드로 product 클래스(판매 대상)를 작성할 수 있다.

- getPrice(): 제품의 가격을 반환
- getReduction(): 제품의 할인 금액을 반환(제품이 없는 경우 0을 반환)

getPrice 메소드와 getReduction 메소드를 함께 사용하여 제품의 할인된 가격을 계산하는
getDiscountedPrice 메소드를 제공할 수도 있다.

```
return getPrice() - getReduction();
```

아이러니하게도, 코드 작성자가 모듈을 어떤 방식으로 재사용할지 추측하려고 하거나 사용자
를 위해 너무 많은 것을 하는 서브루틴을 작성하려 하면 재사용이 어려운 메소드가 발생할 수
있다. 동료들이 어떤 방식으로든 목적에 맞게 잘 결합해서 사용할 수 있다고 믿어라.

참고로 말하자면, 모듈이 단일 작업에 집중하는 정도를 응집도라고 하며 여러 단계로 나눌 수
있다(Yourdon and Constantine, 1978). 응집도의 종류를 내림차순으로 정렬하면 다음과 같다.

- Functional(기능적): 모듈이 단일 작업을 수행한다.
- Sequential(순차적): 한 작업의 출력이 다음 작업의 입력이 되므로, 몇 가지 다른 작업을
  함께 그룹화한다. 개인의 연간 소득을 찾아본 다음에 그들이 속한 과세 구간을 계산하는
  것을 예로 들 수 있다.
- Communicational(교환적): 여러 다른 작업이 동일한 데이터를 사용하지만 그 외에는 관
  련성이 없으므로, 하나의 모듈로 그룹화한다.
- Temporal(시간적): 여러 가지 작업이 동시에 수행되어야 하므로 함께 그룹화한다.
- Procedural(절차적): 관련 없는 여러 작업이 특정 순서로 수행되어야 하므로 그룹화한
  다. 민감한 파일을 열기 전에 사용자에게 로그인하라는 메시지를 표현하는 것을 예로 들
  수 있다.
- Logical(논리적): 몇 가지 작업은 논리적으로 유사한 일을 하지만 근본적으로는 관련이
  없음에도 함께 그룹화한다. 출력과 관련된 서브루틴을 그룹화하는 것을 예로 들 수 있다.
- Coincidental(우연적): 모듈이 전혀 관련 없는 부분도 함께 그룹화한다.

가능한 한 응집도가 높은 모듈을 작성해야 한다.

∙∙

☠ 한 가지만 처리하는 서브루틴

재사용을 못하게 막으려면 모듈의 유연성을 많이 줄여야 한다. 유연한 모듈은 다양한 타입과 함께 동작하므로 가능한 한 좁은 범위의 타입에 초점을 맞춰야 한다.

integer, float, character 등과 같은 기본 데이터 타입으로 작업할 때는 가장 제약이 많은 데이터 타입을 선택해라. 예를 들어, 숫자 배열의 합을 계산하는 서브루틴을 작성할 때는 정수 버전만 제공해라.

```
int sum(int[] nums) {
    // ...
```

int로는 실수를 나타낼 수 없기 때문에, 이 코드는 사람들이 실수를 더하려고 애쓰는 것을 못 본 체하고 내버려 둘 것이다. 이렇게 실수를 모두 sum하고자 할 때 컴파일 오류가 발생할 수 있다.[8] 이는 사용자 정의 타입과 비슷하다. 예를 들어, 자동차 면허 관리 기관에 차량 등록을 처리하는 모듈을 작성하는 것이 당신의 임무라고 가정해 보자. 시스템에서는 그림 8-1과 같이 타입을 정의하고 모델링하였다. Vehicle 타입은 Car, Truck, Motorcycle 타입의 부모 클래스다.

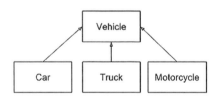

그림 8-1 차량 등록 프로그램의 클래스 다이어그램

모든 차량에는 등록 번호가 있다. 따라서 차량 등록 서브루틴의 앞부분은 다음과 같다.

---

[8] 클래스의 개념은 좀 더 일반적인 모듈(예: 인스턴스화)에서 제외된 일부 속성을 포함한다. 하지만, 여전히 클래스나 서브루틴 등을 사용하여 모듈형 프로그래밍 실습을 할 수 있다.

```
void register(Vehicle vehicle) {
    registrations.add(
        vehicle.getRegistrationNumber());
}
```

하지만 이는 기회를 놓치는 것이다. 이와 같은 서브루틴은 Vehicle 타입이 수많은 자식 타입(Car, Motorcycle, Truck 등)의 부모이기 때문에 모듈에 유연한 인터페이스를 제공한다. 즉, 다양한 하위 타입을 지원한다는 것이다. **"구체적이고 자세하게 나타내라. 일반적인 관점으로 생각하기 시작했다면 당장 멈춰라. 그렇지 않으면 당신의 코드는 사용하기 편하고 재사용하기 좋아질 것이다"**는 해서는 안 되는 규칙은 당신이 잘못하고 있는 일(혹은 실수로 잘못한 일)을 잘 설명하고 있다.

앞서 sum 메소드의 범위를 줄인 것처럼, 특정 서브타입만을 매개변수로 허용함으로써 register 메소드의 용도를 제한할 수 있다. 다른 모든 것들은 이전과 동일하다.

```
public void register(Car vehicle) {
    registrations.add(
        vehicle.getRegistrationNumber());
}
```

이제 register 메소드는 Car 객체만 받을 수 있다. Truck이나 Motorcycle과 같은 다른 타입을 입력하면 컴파일 오류가 발생할 것이다. 앞으로 다른 타입의 차량을 등록하려면 추가 작업이 필요하다.

❗ 주의하기! ···

모듈이 더 다양한 타입으로 동작할 수 있게 함으로써 더 쉽게 재사용할 수 있다. 이렇게 하기 위한 정확한 방법은 언어별로 다르다.

자바와 같은 정적 타입 언어는 매개변수의 타입을 지정해야만 한다. 따라서 잘못된 타입의 객체를 전달하면 컴파일 시 발견된다. 기본 타입의 경우(언어가 지원하는 경우) 여러 가지 버전으로 서브루틴을 오버로드 할 수 있으며, 각 버전은 동일한 이름이지만 각기 다른 타입의 매개변수를 받는다.

public double sum(double[] nums) { ... }

public int sum(int[] nums) { ... }

// 기타...

사용자 정의 타입의 경우, 차량 등록 예제에서 했던 것처럼 다형성을 적용할 수 있다. 다형성에 대해서는 챕터 9에서 더 자세히 다룰 것이다.

변수의 타입을 지정할 필요가 없는 동적 타입 언어[9]에서는 보다 일반적인 타입의 인터페이스를 통해서만 객체에 접근이 가능하다. 예를 들어, 동적 타입 언어에서 register 메소드는 Vehicle 타입의 인터페이스를 통해서만 vehicle 매개 변수에 접근해야 한다. Car와 같은 하위 클래스에만 속하는 메소드나 필드를 사용해서는 안 된다.

---

[9] 파이썬(Python)이나 루비(Ruby)

03 | 강한 의존성 만들기

프로그래머는 모듈을 밖으로 노출시키는 것이 아닌 내부로 숨기는 것이 가장 효과적이다. 나는 이런 개념을 "재앙의 레시피"로 일축했었다… 그리고 내가 틀렸었다.

- Fred Brooks (1995)

프로그램의 모듈은 작업을 수행하기 위해 서로 연결되어 있다. 예를 들면, 상호 호출을 통해 또는 함께 사용하는 데이터 세트에 대한 공유 접근을 통해서 통신할 수 있다.

프로그래밍을 처음 접한 사람이라면, 모듈이 다른 모듈에 대해 더 많이 알수록 더 좋다고 생각할 수 있다. 심지어 Fred Brooks와 같은 소프트웨어 엔지니어링 분야에서 가장 뛰어난 전문가들조차 예전에는 이렇게 생각했었다. 하지만 그런 접근법이 야기한 끔찍한 문제를 발견하고 그 반대가 맞다는 사실을 인식한 후에 그들은 마음을 바꿨다. 모듈은 내부를 노출시키지 않을 때 더 잘 작동한다.

그렇다면, 이러한 사실을 의도적으로 외면하고 당신의 기존 생각을 밀고 나가면 어떻게 될까? 이 절에서 이를 알아보자.

🕱 내부를 드러내라

약한 것보다는 강한 것이 낫다. 그렇지 않은가? 프로그래머라면 누구나 프로그램 설계 측면에서 강한(확실한) 용어를 적용하는 것을 선호한다. 마찬가지로 타이트한 것이 느슨한 것보다 낫다. 아무도 느슨하다는 말을 듣고 싶어 하지 않는다.

이 논리를 프로그램 설계에 적용하면 모듈이 강하고 밀접한 연결을 공유할 때 더 좋다는 결론을 내릴 수 있다. 그렇게 하려면, 모듈이 서로에게 내부를 노출하는 게 최선의 방법이다.

모듈의 내부 정보를 노출하는 가장 간단한 방법은 다른 모듈이 로컬 데이터에 접근할 수 있도록 하는 것이다. 어떻게 하느냐는 사용하는 언어에 따라 다르다. 클래스 멤버에 대한 접근을 제어할 수 있는 자바에서는 public 접근 제한자를 지정하여 클래스의 필드를 더 넓은 세상에 공개할 수 있다. 이를 통해 다른 클래스가 public 필드를 읽고 업데이트할 수 있다.

예를 들어, 슈퍼마켓에 가보자.

```java
public class Shop {
    // 다음에 사용할 수 있는 ID를 기록
    public static int nextID = 1;
}

public class BakeryProduct {
    // 이러한 타입의 제품을 고유하게 식별
    public int id;
    public BakeryProduct() {
        id = Shop.nextID++; }
    }
}

public class DairyProduct {
    public int id;
    public DairyProduct() {
        id = Shop.nextID++;
    }
```

```
    }

    // 더 많은 제품 타입을 추가
```

새 상품이 Shop의 판매 목록에 추가될 때, 상품의 새 식별자를 만드는 규칙은 간단하다. Shop의 nextID 필드를 살펴보고 사용 가능한 다음 ID 번호를 취하면 된다(프로세스에서 카운트를 증가시키는 것을 잊지 마라!). 간단해 보이지만, Shop 클래스는 각기 다른 Product와 매우 긴밀하게 연결되어 있다.

이것은 문제를 바로 일으키지는 않는다. 모듈 간의 긴밀한 연결로 인해 프로그램을 변경하는 것은 매우 힘들기 때문에, 재미있는 상황은 나중에야 온다.

예를 들어, 참조된 필드의 타입이 변경되면 문제가 발생할 수 있다. 이때 필드가 사용된 모든 곳을 업데이트해야 한다. 이 예제에서는 nextID를 long에서 int 타입으로 변경하면 이에 따라 각 상품의 id 필드 타입이 변경되어야 함을 의미한다. 이는 컴파일 시에 오류로 이어질 수 있기 때문에 더 명백한 문제다.

긴밀한 연결은 이보다 훨씬 더 무서운 문제를 야기할 수도 있는데, 연결이 런타임 오류를 일으키면 컴파일러는 이를 찾지 못하고 결국 프로그램이 출시된 이후에야 발견될 수 있다는 것이다. 예를 들어, 동료가 프로그램을 업데이트하고 ID 관리 방식을 변경해야 한다고 가정해 보자. 특히, 각 제품에 하나의 ID를 부여하는 대신에 100개의 연속된 ID로 구성된 블록을 할당하고 그중 99개는 해당 제품의 향후에 발생할 변경 사항을 위해 예약된다고 가정하자.

즉, BakeryProduct를 다음과 같이 변경해야 한다.

```
public class Shop {
    public static int nextID = 1;
}

public class BakeryProduct {
    public int id;
```

```
public BakeryProduct() {
    id = Shop.nextID;
    Shop.nextID += 100;
  }
}
```

연결을 너무 긴밀하게 했기 때문에, 당신의 동료들은 분별력을 가져야만 한다. 그들은 다른 상품 클래스 모두를 확인하고 내부에서 ID 번호를 증가하는 법칙을 업데이트하는 것을 게을리해서는 안 된다. 동일한 방식으로 모든 상품을 업데이트하지 못한다면, 다음과 같은 혼란을 야기할 수도 있다.

+ 단 하나의 Product 클래스라도 업데이트하는 것을 잊어버린다면, 잊혀진 클래스는 결국 규정을 따르지 않는 상품을 만들어낼 것이다. 상품 변경 시 사용할 ID 범위 값을 미리 할당할 수 있는 공간이 없을 것이다.
+ 하나 이상의 클래스에서 두 구문의 순서가 뒤바뀌면 프로그램에 구멍이 생기고, ID 값의 범위가 겹치게 될 것이다(예: ID에 새로운 값을 할당하기 전에 Shop.nextId에 100을 더함).

🔋 주의하기! ···

모듈은 함께 작동하려면 어떻게든 의사소통을 해야 한다. 하지만 모듈 사이의 연결은 단순히 연결이 되거나 혹은 되지 않는 이진적인 문제가 아니다. 이러한 연결은 다양한 강도를 가지고 있으며, 이를 결합도라고 한다(Yourdon and Constantine, 1978). 모듈 간의 결합도는 강도가 다양하기 때문에 꼭 알아야 한다. 간단히 설명하면 다음과 같다.

- 모듈 간의 느슨한(또는 약한) 결합은 하나의 모듈을 변경하더라도 다른 모듈에 영향을 거의 미치지 않는 것을 의미한다. 느슨하게 연결된 모듈은 교환 및 재사용이 가능하며, 쉽게 테스트할 수 있다.
- 모듈 간의 긴밀한(또는 강한) 결합은 하나의 모듈을 변경하면 다른 모듈에 영향을 미치는 파급 효과가 쉽게 생길 수 있다. 강하게 결합된 모듈은 변경이 힘들고, 재사용이 어려우며, 테스트하는 데 있어서 악몽과 같고 오류가 발생하기 쉽다(Basili 등, 1996; Briand and Wüst, 2002). 동료들은 긴밀한 결합을 좋아하지 않는다.

소프트웨어 설계가 잘 된 소스에서 여러 가지 다른 수준의 결합도에 대해서 살펴볼 수 있는데, 이를 간단히 정리하면 다음과 같다.

느슨하거나 약한 결합의 끝에서는 메시지 결합 및 데이터 결합을 확인할 수 있다. 메시지 결합은 객체가 서로 메시지를 전달할 때 발생한다. 각 객체는 자신의 상태 정보를 캡슐화하고, 다른 객체가 접근하는 것을 차단한다. 이와 비슷하게, 데이터 결합은 모듈이 서로 데이터를 공유할 때 발생한다. 예를 들면, 함수의 호출 시 매개변수를 전달하는 것이다. 이러한 결합도 수준은 일반적이고 허용 가능한 것으로 간주된다.

결합도 범위의 중간에 제어 결합이 있는데, 이 결합은 하나의 모듈이 동작을 제어할 목적으로 데이터를 다른 모듈로 전달할 때 발생한다. 예를 들면, 다음에 나오는 lookupStudents ByNumber 서브루틴은 검색 결과에 이미 졸업한 학생들의 포함 여부를 알려 주는 '할 일' 플래그(lookupGraduates)를 매개변수로 받는다.

```
/**
 * ID정보를 이용해서 데이터베이스에서 학생 정보를 조회하고 프로필 목록을 생성
 *
 * @param studentIds
 *     ID 목록
 * @param lookupGraduates
 *     별도의 데이터베이스에 저장된 졸업생 정보의 조회 여부
 * @return 검색된 학생 목록
 */
public List<Students> lookupStudentsByNumber(
    List<Students> studentIds, boolean lookupGraduates) {
  // ...
```

이런 종류의 결합은 호출을 수행하는 모듈이 다른 모듈의 기능에 대해서 어느 정도 알아야 한다. 제어 결합은 일반적으로 사용할 수 있지만 다음의 사항에 주의해야 한다.

- 제어의 특성을 명확히 알 수 있게 문서화해야 한다.
- 컨트롤 매개 변수는 "무엇을 진행할지"에 대한 플래그여야 한다.[10]

견고하고 강한 결합의 끝에는 공통 결합이나 내용 결합이 있다. 모듈 간의 통신이 공유 데이터를 통해 간접적으로 이뤄지는 공통 결합은 이 절의 마지막 부분에서 다룰 것이다.

모듈이 다른 모듈의 내부 상세 항목에 의존하는 내용 결합의 예로는 앞서 보았던 Shop 클래스와 다양한 Product 클래스가 있다. 이러한 강한 결합은 일반적으로 사용이 금지되며, 자바를 포함한 수많은 객체지향 언어가 private 접근 제한자를 사용해 다른 모듈로부터 정보를 숨

---

[10] 이런 플래그는 모듈에 무엇을 해야 하는지를 지시하기보다는 현재 상황을 나타낸다. 이를 통해 호출된 모듈이 자체적인 결정으로 응답하게 된다.

길 수 있게 해준다. 일반적으로 권장하는 사항은 제한을 완화시켜 줘야 할 좋은 사유가 생길 때까지 모든 필드를 private로 표기하는 것이다.

☠ 어떻게 모듈은 외부와 소통하는가

당신의 동료는 모듈이 내부를 노출시키기보다는, 내부 정보를 숨겨서 작성하기를 선호한다. 동료의 이런 요청에 따르려면 당신은 더 많은 일을 해야 한다.

모듈이 서로의 내부에 접근하여 소통할 수 없다면, 각 모듈은 다른 모듈로부터 메시지를 수신할 수 있는 수단을 가지고 있어야 한다. 즉, 각 모듈에 대한 인터페이스를 구성해야 한다. 이런 경우에 인터페이스라는 용어는 특정 형태의 정보만 이동할 수 있는 경계를 넘어, 모듈을 세상에 public하게 드러내는 것을 의미한다.

이전 절에서 결합에 대해서 읽었다면, 느슨한 결합의 인터페이스가 보편적으로 선호된다는 것을 이제 알았을 것이다. 이는 인터페이스를 통해 명시적으로 접근할 수 없는 정보가 모두 숨겨져 있다는 뜻이다. 당신과 달리, 동료들은 부정적인 파급효과를 발생시키지 않고 숨겨진 세부 사항을 변경할 수 있다는 사실에 위안을 얻는다.

결합이 느슨한 상태를 유지하도록 인터페이스 설계를 세심하게 검토하고 있다면, 이 영역에서 문제를 일으킬 수 있는 옵션이 남아 있는지 궁금할 수 있다. 사실, 문제를 야기할 수 있는 몇 개의 카드가 남아 있다.

먼저, 당신은 규칙을 지키며 일할 수 있지만 동시에 규칙을 악용하고 극단으로 끌고 갈 수 있다. 예를 들면, 서브루틴 호출(초기에는 데이터 결합으로 식별됨) 시 매개변수를 통해 정보를 전달하는 것은 가능하다. 하지만 **"일반적으로 클수록 좋다"**라는 해서는 안 되는 규칙을 적용하면, 거대한 매개변수를 가진 수많은 서브루틴이 있는 모듈을 만들 수도 있다. 많은 서브루틴이 있는 모듈이나 많은 매개변수가 있는 서브루틴은 다른 모듈과 연결하는 데 더 많은 작업을 해야 하기 때문에, 지나치게 큰 크기는 허용 가능한 형태의 결합조차 더 강하게 결합시키는 경향이 있다.

또 다른 옵션은 들키지 않고 인터페이스를 몰래 '돌아가도록' 만드는 것이다. 그중 특히 교활한 방법 하나는 공통 결합 형태로 만드는 것이다. 이 경우 모듈 A와 B는 직접적인 링크(A에서 B로의 서브루틴 호출)를 공유하지 않는다. 대신, A와 B는 동일한 객체 C에 대한 접근을 공유한다. 이는 A가 C의 값을 변경함으로써 B의 동작에 영향을 줄 수 있음(혹은 그 반대)을 의미한다.

이를 증명하기 위해 달로 가보자. 다음의 코드는 로켓을 조종하는 프로그램에서 가져온 것인데, 로켓의 임무는 달에 가서 암석 몇 개를 파낸 후 지구로 돌아오는 것이다. 프로그램의 다양한 모듈 간 공유되는 데이터는 DataStore 객체에 저장된다.[11]

```
public class DataStore {
    private static DataStore store = null;

    // 우주비행선의 현재 무게
    private double weight;

    private DataStore() { }

    public static DataStore getShipData() {
        if (store == null) {
            store = new DataStore();
        }
        return store;
    }
}
```

---

[11] DataStore는 싱글턴의 한 예이다(Gamma 등, 1995). 따라서 오직 하나의 DataStore 인스턴스만 만들도록 설계되어 있다. 이와 같은 객체는 DataStore에 접근하는 모든 클래스 간에 공유되어 일종의 전역 변수를 만든다.

```
public double getWeight() { return weight; }

public void setWeight(double weight) {
    this.weight = weight;
  }
}
```

로켓 발사와 관련된 두 가지 클래스는 TrajectoryMapper와 FuelCalculator이
고, 각 클래스는 서로 다른 프로그래밍 팀이 작성했다. 둘 다 WeighingMachine
으로부터 얻은 로켓의 현재 무게에 의존한다. TrajectoryMapper는 다음과 같이
로켓의 궤도를 계산한다.

```
public class TrajectoryMapper {
  public void calculateTrajectory() {
    DataStore store = DataStore.getShipData();
    double weight;

    if (store.getWeight() == 0.0) {
      weight = WeighingMachine.getWeight();
      store.setWeight(weight);
    }
    // 무게를 기반으로 궤도를 계산하는 코드...
  }
}
```

그 사이에 FuelCalculator는 로켓을 우주로 보내는 데 필요한 연료 소모량을
계산한다.

```
public class FuelCalculator {

  public void calculateFuelConsumption() {

    DataStore store = DataStore.getShipData();

    double weight;

    if (store.getWeight() == 0.0) {

      weight = WeighingMachine.getWeight();

      store.setWeight(weight);

    }

    // 로켓의 연로 소모량을 계산하는 코드...

  }

}
```

두 클래스 모두 먼저 데이터 저장소에 무게 측정 정보가 있는지 확인한다. 무게가 0으로 측정되는 경우에는 객체가 현재의 무게를 가져와서 DataStore에 저장한다.

모든 것이 간단해 보이지 않는가? 그러나 간접적인 결합의 아름다움에 속은 것일 수 있다.

첫째, DataStore는 기본적으로 전역 변수(혹은 전역 객체)다. 이는 전역 변수가 가지고 있는 모든 잠재적인 문제에 접근할 수 있음을 의미한다(챕터 3 참고).

둘째, 간접적이고 견고한 결합은 코드를 업데이트할 때 프로그램을 의도치 않은 부작용에 민감하게 만든다. 예를 들어, 무게 측정 기계가 파운드 단위로 무게를 나타내던 것을 킬로그램 단위로 변경한다고 가정해 보자. 모든 팀이 이전에 파운드 단위로 측정했기 때문에, TrajectoryMapper 팀은 이 값을 저장하기 전에 파운드 단위로 변환하기 위해 다음과 같이 코드를 업데이트한다(코드 변경 사항은 밑줄로 표시).

```
if (store.getWeight() == 0) {
    weight = WeighingMachine.getWeight();
    // 킬로그램 단위에 2.2를 곱해서 파운드 단위로 변경
    store.setWeight(weight * 2.2);
}
```

FuelCalculator를 작성하는 팀 역시 새로운 무게 측정 기계에 대해 배운다. 하지만 그들은 DataStore가 현재 무게를 킬로그램 단위로 저장한다고 잘못 생각한다. 그러나 그들의 클래스는 여전히 파운드 단위를 사용하므로 DataStore에서 값을 찾아본 후 파운드로 변환하기로 결정한다. 따라서 다음과 같이 코드를 변경한다.

```
if (store.getWeight() == 0.0) {
    weight = WeighingMachine.getWeight();
    store.setWeight(weight);
}
weight = weight * 2.2;
```

그 결과 FuelCalculator가 사용하는 무게는 실제 값보다 4.84배가 커져버렸다. 그로 인하여 로켓은 발사되는 동안 너무 많은 연료를 사용하고, 다시는 볼 수 없는 우주 밖으로 날아가 버릴 것이다.[12]

❗ 주의하기! ···

좋은 인터페이스를 작성하는 것에 대해서는 할 말이 너무나 많아 이곳에 다 쓸 수도 없다. 그러나, 여러분이 접하게 될 인터페이스에 대한 기본적인 기대는 다음과 같다.

---

[12] 아마도 당신은 이 시나리오가 조금 지나치다고 생각할 것이다. 로켓 엔지니어가 Imperial과 SI 단위를 잘못 변환하는 초보적인 실수를 할까? 그러나 이는 1999년에 비슷한 이유로 화성 기후 궤도선을 잃어버린 실화에서 영감을 받은 것이다.

- 일반적으로 작을수록 더 좋다.
  - 모듈에는 적절한 수의 서브루틴이 있어야 한다. 많아지면 다루기 힘들고 오류가 발생하기 쉽다(Tang, 1999). 서브루틴이 많아졌다면, 모듈을 더 세분화된 개념으로 나타내기 위해서 분할해야 할 수도 있다.
  - 각 서브루틴에는 매개변수가 많지 않아야 한다.[13]
- 각 모듈은 잘 정의된 단일 작업을 수행하고, 최소한의 부작용만 유발해야 한다. 물론 부작용이 없는 것이 이상적이다.
- 모듈 내부에서 일어나는 일은 외부로부터 숨겨야 하며, 그렇게 해야 내부의 변화로부터 보호된다. 이는 특히 모듈의 불안정한 부분에 해당한다.
  - 객체지향 프로그래밍 언어에서 이는 클래스 멤버에게 '가장 엄격한 작업이 가능한 수준의 프라이버시'를 제공하는 것을 의미한다(Bloch, 2008).
- 모듈이 통신할 때 메시지 전달이나 서브루틴 호출(정보 전달을 위한 매개변수 사용)과 같이 느슨하게 결합된 방법을 우선으로 고려해라.
- 인터페이스는 신중하게 문서화되어야 한다. 문서에는 모듈이 수행하는 작업, 모듈이 수용하고 반환하는 데이터, 사용자의 일반적인 기대와 그에 부응하는 정보(예: 서브루틴을 호출할 때 발생할 수 있는 예외나 부작용)에 대한 설명이 포함되어야 한다.

---

[13] "매개변수를 악용하기"절 참조

Memo

chapter

9

클래스와 객체

목표

- ☑ 클래스를 만드는 몇 가지 나쁜 이유
- ☑ 클래스를 경직되고 융통성 없게 만드는 방법
- ☑ 다형성에 대한 더 적은 대안
- ☑ 소프트웨어 설계를 손상시키기 위해 상속을 남용하는 방법

사전에 알아야 하는 것들

- ☑ 객체지향 프로그래밍의 기본 개념
  - – 인스턴스화, 그리고 클래스와 객체의 차이점
  - – 구성(예: 다른 클래스에 대한 참조를 포함하는 클래스)
  - – 상속
- ☑ 정적 메소드
- ☑ 자바 인터페이스 및 인터페이스 키워드

모듈형 프로그래밍과 마찬가지로 객체지향 프로그래밍(OOP)은 대규모 소프트웨어 구축 시 발생하는 문제를 완화하기 위한 방법이다. 모듈형 프로그래밍의 많은 조언이 객체지향 프로그래밍에 적용될 수 있는 정도로 두 방법은 공통의 동기와 관심사를 공유한다. 그럼에도 불구하고 객체지향 프로그래밍의 패러다임은 상당히 다르다. 주요한 차이점은 객체지향 프로그래밍 방식이 여러 개의 상호작용하는 객체로 구성된 프로그램을 만들어낸다는 점이다. 각각의 객체는 하나의 클래스로 구성되고, 자신의 상태 및 동작을 관리한다.

객체지향 프로그래밍은 1990년대에 소프트웨어 개발에 있어서 지배적이었다. 그 중요성은 최근까지 계속되고 있으며, 대부분의 현대적이고 대중적인 언어들이 객체지향 프로그래밍의 패러다임을 지지하고 있다. 그리고 현대판 디지털 트로이 목마처럼 다양한 프로젝트에 잠입했다. 즉, 이번 챕터에서 다룰 사악한 교훈과 비열한 속임수가 오늘날 소프트웨어 환경에 널리 적용될 수 있다는 뜻이다.

01 | 알 수 없는 목적의 클래스 만들기

하나의 클래스는 메소드와 변수를 정의하는 묶음이 아니라, 잘 정의된 추상화를 나타내야 한다.

- Johnson and Foote (1988)

새로운 클래스를 작성하기 전에 다음과 같은 신중한 답변이 필요한 질문에 직면하게 된다. 왜 이 클래스를 만들어야 하는가? 목적은 무엇인가? 내 문제에서 어떤 개념이 도출될까? 그리고 어떻게 이러한 질문들을 무시하고 모든 것을 아무렇게나 할 수 있을까?

새로운 클래스를 만드는 것은 설계 문제이기 때문에 굉장히 까다롭다. 어떤 클래스를 어떻게, 언제 만들지 정확히 규정하는 엄격한 규칙은 거의 없다. 이는 이 절에서 설명하는 관행들이 모든 상황에서 나쁘지만은 않다는 것을 의미한다. 사실, 이러한 관행들이 때때로 받아들일 수 있는 것으로 여겨지기도 한다.

하지만 낙심하지 마라. 이 절의 조언을 생각 없이 반복하여 실행한다면, 결국 어느 정도의 고통을 줄 수는 있을 것이다.

데이터 클래스

객체지향 환경에서 작업하다 보면, '책임'이라는 무서운 단어가 생겨난다. 당연히 등골이 오싹해질 얘기지만, 책임을 지는 것은 객체지향 프로그래밍에서 피할 수 없는 일이다.

정말 그런가?

객체지향 프로그래밍은 당신이 독립적이고, 자기 자신을 관리하고, 스스로 결정을 내리는 데 책임이 있는 객체를 설계하도록 한다. 이 작업은 까다로울 뿐만 아니라 잘못된 프로그래밍의 몇 가지 핵심 규칙을 깨야만 한다. 스스로에게 물어보자. 책임, 즉 당신의 코드가 여러 클래스에 분산되어야 할 때, 어떻게 **"모듈식 코드보다 단일 코드를 선호하라"**는 해서는 안 되는 규칙을 따를 수 있겠는 가?

다행스럽게도, 무력하고 책임감 없는 클래스를 설계하는 방법이 존재한다. 데이터 클래스를 만들면 된다. 데이터 클래스는 데이터를 가지고 있는 보기 좋은 레코드일 뿐이다.[1] 다음은 데이터 클래스로 모델링된 책의 예제이다.

```java
public classBook {
    private String author;
    private int numPages;
    private String isbn;

    public String getAuthor() { return author; }

    public void setAuthor(String author) {
        this.author = author;
    }

    public int getNumPages() { return numPages; }

    public void setNumPages(int numPages) {
        this.numPages = numPages;
    }

    public String getIsbn() { return isbn; }
```

---

[1] 레코드는 필드의 집합을 하나로 묶는 단순한 데이터 구조다.

```
    public void getIsbn() { return isbn; }
        this.isbn = isbn;
    }
}
```

보이는 것처럼 데이터 클래스는 일반적으로 필드의 집합과 그에 상응하는 접근자 메소드만을 가지고 있다. Book에서는 속성을 get, set 하는 것 외에는 할 수 있는 일이 거의 없다. 데이터 클래스로 설계하는 것은 적절한 설계를 해야 하는 노력을 덜어 주기 때문에 매우 좋다.

❗ 주의하기! ....

데이터 클래스가 나타나면 "값을 조작하는 코드는 어디에 있는가?"라는 의문이 제기된다. 그 코드는 다른 곳에 있어야 한다.

예를 들면, Book 클래스를 사용할 때 프로그램은 numPage가 음수인지 확인하거나 ISBN 형식이 맞는지 검증하는 것과 같이 특정한 값을 확인할 필요가 있다. 이러한 코드가 위치할 자연스러운 장소는 아마도 Book 클래스 내부일 것이다. 클래스 밖에 두면 프로그램 내에서 이러한 검증이 필요한 곳이 여러 곳일 경우에 동일한 코드가 중복 작성될 가능성이 커진다.

Martin Fowler는 "데이터 클래스는 아이와 같다. 그것은 출발점으로는 괜찮지만, 성숙한 객체로서 참여하려면 어느 정도의 책임을 져야 한다"고 말했다(Fowler, 1999).

자세한 내용은 "객체를 유연하지 않게 만들기" 절을 참고하라.

....

💀 신(GOD) 클래스

앞의 조언을 따라 대부분을 데이터 클래스로 만드는 것은 아주 좋은 일이다. 하지만 어느 시점에는 프로그램의 로직을 어디에 둘 것인지를 고려해야 한다.

특히 **"일반적으로 크면 클수록 좋다"**와 **"모듈식 코드보다 단일 코드를 선호하라"**는 두 가지 해서는 안 되는 규칙을 유념하라. 로직의 많은 부분을 아주 적은 수의 '메가' 클래스에 채움으로써 많은 설계적 노력을 절감할 수 있다. 그 객체가 모든 것을 조정하도록 해라. 프로그램의 중심에 놓고, 다른 힘없는 객체들을 모두 부려먹어라.

객체의 손에 거대한 힘을 집중시키기 때문에 이런 것을 보통 신 클래스라고 부른다. 어떻게 이런 멋진 이름에 반대할 수 있겠는가?

⊘ 주의하기! ∙∙∙

신 클래스는 실제로 반대 받기 꽤 쉬우며, 당신의 동료 역시 아마도 그럴 것이다. 대부분의 경우에, 동료들은 이전 절에서 나온 것과 같은 반대 의견을 제시할 것이다.

결합과 응집의 결과를 생각해 보자. 느슨한 결합도와 높은 응집도를 선호하는 원칙이 객체지향 프로그래밍에도 동일하게 적용된다.

- 다른 많은 것들의 행동을 강력하게 제어하는 객체는 결합도를 강화시킨다.
- 다양한 객체를 조작하는 객체는 관련 없는 많은 책임을 가지므로 응집도가 떨어진다. 두 가지의 결과는 챕터 8에서 상세히 다룬다.

신 클래스는 유지 보수에 있어서 골칫거리다. 당신의 동료는 문제의 한 측면에만 초점을 맞춘 단일한 추상화를 나타내는 클래스를 선호한다.

∙∙∙

☠ 도구 클래스

이런 객체지향 설계 같은 헛소리를 피할 수 있는 또 다른 방법은 객체지향 언어를 구식의 절차지향 코드를 만들어내도록 바꾸는 것이다. 자바에서는 클래스를 정적 메소드의 집합으로 설계함으로써 그렇게 만들 수 있다.

```
public class BookUtils {

public static boolean validateIsbn(Book b) { }
```

```
public static boolean validateNumPages(Book b) { }

public static void regsiterBookInLibraryOfCongress(Book b) { }

    // 기타...
}
```

이렇게 하면 새로운 클래스는 루틴의 집합에 지나지 않게 된다. 객체지향 프로그래밍의 원칙과 설계에 대해서 걱정할 필요가 전혀 없다. 이 얼마나 마음이 가벼워지는 일인가!

❗ 주의하기!

개인적으로, 나는 도구 클래스가 본질적으로 나쁘지 않다고 생각한다(상당수의 정말 좋은 프로젝트도 도구 클래스를 여기저기에 사용한다). 하지만 이를 사용한다는 것은 객체지향의 특징을 포기한다는 뜻임을 알고 있어야 한다. 당신의 동료들은 어떤 경우든 이를 용납하지 않을 것이며, 특히 우수한 객체지향 솔루션이 있는 경우에는 더더욱 용납하지 않을 것이다.

예를 들어, 도구 클래스는 하위 타입으로 인스턴스화하거나 확장할 수 없다(Bloch, 2008). 그러나 객체지향 프로그래밍의 핵심 원칙에 따르면 새로운 동작을 추가할 때 기존 클래스를 수정하지 않고 클래스를 확장해야 한다고 규정하고 있다.[2] 도구 클래스는 확장할 수 없기 때문에 이 원칙을 준수할 수 없다.

---

[2] 개방/폐쇄의 법칙으로 알려져 있으며, 클래스는 확장에 열려 있지만 수정에는 닫혀 있음을 의미한다.

02 | 객체를 유연하지 않게 만들기

객체지향 프로그래밍은 유연한 설계를 만드는 능력으로 열광받는다. 제대로 한다면 더 쉽게 유지 보수할 수 있고 재사용 가능한 클래스를 만들 수 있다. 하지만 잘못하면 융통성이 없어지고, 프로그래밍 악몽을 일으킬 수 있다.

☠ 명령에 따르는 객체

객체지향 프로그래밍 설계에서 객체는 독립적이고 스스로 결정을 내릴 수 있어야 한다. 겉보기에는 훌륭해 보인다. 이제 한 짐 덜었다. 그렇지 않은가?

그러나 객체를 독립적으로 만드는 일은 당신에게 달려 있음을 잊지 말아라. 독립성과 책임감을 객체에 주입하는 것은 동일한 특성을 당신의 아이들에게 가르치는 것과 같다. 인내, 노력, 신중함이 필요하다. 그러면 역설적으로, (적어도 단기적으로는) 객체 위에 군림하면 좀 더 쉬운 시간이 될 수 있다. 달리 말하면, 스스로 어떻게 할지 가르치는 것보다 명령을 하는 것이 더 쉽다.

하지만 어디선가는 결정을 내려야 한다. 프로그램의 객체에 의사결정권을 나누는 대신에, 그 힘을 모든 것에 명령하는 소수의 전능한 객체에 집중시켜야 한다. 그 결과, 프로젝트에 있는 대부분의 객체는 마치 어린이처럼 취급될 것이다.

이런 지배적인 관계를 확립하기 위해서 의사결정 클래스는 수많은 무력한 클래스에 대한 참조로 구성된다. 그런 다음 '자식'이 내려야 할 모든 결정은 '부모'가 대신한다.

다음은 강압적인 부모(기차역의 운영을 모두 엄격하게 제어하는 Station Manager)와 그 자녀(티켓 판매기인 TicketMachine)를 보여 주는 예제이다.

```
class StationManager {
    // StationManager는 TicketMachine 외에도 여러 다른 클래스
    // (HelpDesk, StationDisplay, SpeakerSystem 등)로 구성된다.
    TicketMachine machine = new TicketMachine();

    public void insertCoinToMachine(int coinValue) {
        machine.setCredit(coinValue);
    }

    public void buyTicket() {
        Ticket t = chooseTicket();
        if (t.getPrice() <= machine.getCredit()) {
            machine.deduct(t.getPrice());
            printTicket();
        }
        else {
            System.out.println("Not enough credit!");
        }
    }
}

class TicketMachine {
    int credit;

    public int getCredit() { return credit; }

    public void setCredit(int value) { credit = value; }
    public void deduct(int value) { credit -= value; }
}
```

TicketMachine은 거의 아무것도 하지 않는 방법을 배웠다. StationManager는 TicketMachine을 아주 짧은 목줄로 채워 두고 스스로 어떤 일도 할 수 없게 만들었다. TicketMachine은 StationManager의 명령에 따라 수명이 결정된다. 이처럼 TicketMachine을 매우 간단하게 설계할 수 있다.

⚠ 주의하기! ···

이전 예제에서 StationManager와 TicketMachine이라는 두 클래스가 각각 신 클래스와 데이터 클래스의 인스턴스라는 사실을 알 수 있다.[3] 이 두 클래스를 보면 바로 떠오르는 것이 있을 것이다.

또한 각 클래스는 설계가 부족한 부분을 알려 준다. 객체지향 프로그래밍 설계는 객체가 자신이 나타내는 개념을 스스로 관리하기를 권장한다. 특정 작업의 코드를 어디에 둘지 결정할 때는 "어떤 객체가 해야 하는 작업인가?" 또는 "이 비즈니스 로직은 누구의 것인가?"와 같은 질문을 해야 한다.

이 경우, 티켓 판매에 대한 책임은 TicketMachine에 있다. 절대로 다른 클래스의 비즈니스 로직이 아니다.

```java
class TicketMachine {
  private int credit;

  public void insertCoin(int value) {
    credit += value;
  }

  public void buyTicket() {
    Ticket t = chooseTicket();
    if (t.getPrice() <= credit) {
      credit -= t.getPrice();
      printTicket();      }
    else {
      displayMessage("Not enough credit!");
    }
  }
}
```

---

[3] 이전 절 "알 수 없는 목적의 클래스 만들기" 참고

TicketMachine에 자신의 비즈니스 로직에 대한 책임을 부여하면 다음과 같은 몇 가지 혜택을 얻을 수 있다.

- 관련 기능을 내부의 로직에 배치하여 쉽게 찾을 수 있다.
- 컨트롤 클래스(이 경우 StationManager)가 책임지는 수를 줄인다. 서브루틴과 모듈처럼 클래스도 단일 책임을 가져야 한다.[4]
- 컨트롤 클래스에서 책임을 제거하면 크기가 감소한다. 따라서 오류를 유발할 가능성이 높은 대규모 클래스에 좋다(Basili 등, 1996; Gyimóthy 등, 2005).
- TicketMachine과 같은 클래스는 내부 구현을 인터페이스 뒤에 숨기는 작업을 더 잘 수행할 수 있게 된다.
  - 새로운 TicketMachine은 더 이상 내부 필드(예: credit)를 가져오거나 설정하는 구체적인 메소드를 제공하지 않는다. 대신 메소드는 동전을 넣거나 티켓을 사는 것과 같은 개념적인 용어를 다룬다.

☠ 유연하지 않은 관계

객체지향 프로그래밍 교육은 특히 설계에 대해 많은 것을 알려 준다. 객체 간에 관계를 맺고 서로 메시지를 전달함으로써 문제를 해결하는 데 협력한다는 것을 알려 준다. 객체가 협력할 다른 객체를 선택할 수 있어야 한다는 말도 듣게 될 것이다.

하지만, 교육자를 의심하는 당신은 강압적인 부모처럼 행동하는 것을 선호한다. 당신의 '아이들'이 당신의 시야에서 그런 결정을 내리는 것을 허락할 수 없다. 아이들이 누구와 '친구'가 될 수 있는지에 대한 결정은 여전히 당신의 몫이다.

이렇게 하려면 클래스 간의 강력하고 엄격한 관계의 집행자가 되어야 한다. 이는 프로그램 설계에 유연성을 없애는 또 다른 좋은 방법이기도 하다. 애완동물의 먹이를 관리하는 프로그램의 일부를 확인해 보자.

---

[4] 이를 단일 책임 원칙이라고 한다(Martin, 2009).

```
class PetFeeder {
  public void giveFood(Dog d) {

    d.feed();

  }

}

class Dog {
  public void feed() {

    System.out.println("Wolfing down dog food");

  }

}

public static void main(String[] args) {

  PetFeeder feeder = new PetFeeder();

  Dog lassie = new Dog();

  feeder.giveFood(lassie);

}
```

간단해 보이는 이 설계가 강력한 견고함을 가지고 있다고는 생각하지 않을
것이다. 이를 보여 주기 위해, 동료가 (설명할 수 없는 이유로) 애완 고양이를
기른다고 상상해 보자. 그들은 애완동물 종류를 시스템에 추가하려고 한다.

```
class Cat {
  public void feed() {

    System.out.println("Turning nose up at cat food");

  }

}
```

그들은 고양이에게 밥을 주는 프로그램도 원한다.

```java
public static void main(String[] args) {
    PetFeeder feeder = new PetFeeder();
    Dog lassie = new Dog();
    feeder.giveFood(lassie);

    Cat felix = new Cat();
    feeder.giveFood(felix);
}
```

물론, 진화의 법칙은 음모를 꾸며 동료를 방해한다.

```
error: incompatible types:Cat cannot be converted to Dog
    feeder.giveFood(felix);
                 ^
```

기존에 PetFeeder에 강아지에게만 먹이를 줄 수 있는 능력을 부여했기 때문이다. 고양이에게 먹이를 주려면 PetFeeder에 추가 메소드를 넣어야 한다.

```java
class PetFeeder {
    public void giveFood(Dog d) {
        d.feed();
    }
    public void giveFood(Cat c) {
        c.feed();
    }
}
```

따라서 당신의 친구가 고양이에게 먹이를 주길 원한다면, 나머지 작업은 그들이 하도록 해라. 애당초 고양이를 좋아하면 그 정도는 감수해야 한다.

❗ **주의하기!** ··

문제는 고양이에게만 있는 것이 아니다. 시스템에 추가할 새로운 종류의 애완동물은 토끼, 거미 혹은 도마뱀이 될 수도 있고, 그에 따라 새로운 giveFood 메소드를 추가해야 한다.

이것은 PetFeeder가 giveFood 메소드로 가득 찬 매우 큰 클래스로 성장할 가능성이 있음을 의미한다. 비록 각각의 feed 메소드는 기술적으로 다르겠지만, 애완동물에게 음식을 주는 개념은 동일하다. 다시 말해, 애완동물의 타입이 달라도 동일한 메시지를 전송한다는 것이다. 이 것은 복제의 한 형태가 되며, 소프트웨어의 불필요한 복제가 동료들의 코앞에 닥친다는 사실을 망각해서는 안된다.

문제는 PetFeeder가 Dog와 같은 구체화된 클래스⁵를 처리하기로 한 기존 결정에서 비롯된다. 이것을 구현 프로그래밍이라고 한다. 객체지향 프로그래밍의 핵심 설계 원칙은 인터페이스 프로그래밍을 선호해야 한다고 명시한다. 이는 클래스가 가능한 한 더 추상적인 클래스를 참고해야 함을 의미한다.

이 예제에서 더 추상적인 클래스는 무엇일까? 애완견, 애완묘, 애완쥐… 모두 애완동물이며 애완동물은 먹이가 필요하다.

```
interface Pet {
    void feed();
}
```

모든 애완동물은 먹이를 먹는다. 하지만 각각 다른 방식으로 먹이를 주므로, 세부사항은 인터페이스에서 제외한다. Pet의 구체적인 구현은 다음과 같다.

```
class Mouse implements Pet {
    public void feed() {
        System.out.println("Nibbling on cheese.");
    }
}
```

이렇게 하면 어떤 장점이 있을까? 우선 PetFeeder에서의 중복이 없어질 수 있다.

---

⁵ 구체화된 클래스(concrete class)는 추상 클래스나 인터페이스와 달리 세부 구현을 누락시키지 않는다.

```
class PetFeeder {
  public void giveFood(Pet p) {
    p.feed();
  }
}
```

수정된 버전의 PetFeeder는 구현체가 아닌 인터페이스로 프로그래밍된다. PetFeeder는 두 개의 구체화된 클래스 사이에 엄격한 관계를 적용하는 대신에, 이제 Pet 인터페이스를 구현하는 모든 클래스를 처리할 수 있다(모든 Pet에 feed 메소드가 있어야 함). 따라서 PetFeeder는 애완동물에 먹이를 주기 위해 하나의 giveFood 메소드만 있으면 된다.

03 | 다형성 피하기

앞서 나온 유연성에 대한 내용은 그다지 깊은 인상을 남기지는 않았을 것이다. 유연성은 곡예사들에게 매우 중요하지만 당신의 삶에는 그다지 필요하지 않다. 단지 일을 더 어렵게 만들 뿐이다.

이전 절에서 다양한 타입과 소통하기 위한 단일 인터페이스를 제공하자는 아이디어는 사실 다형성이라는 이름을 가지고 있다. 객체지향 프로그래밍에서는 이를 매우 좋아하기에 피할 수 없다. 그래도 완전히 피할 수는 없어도 최소한 바람직하지 않은 방법으로는 할 수 있다. 이번 절에서는 그 방법을 알아볼 것이다.

프로그램은 다른 방식으로 먹이를 줘야 하는 다양한 종류의 애완동물과 같이, 현재 다루고 있는 종류에 따라 결정을 내려야 한다. 동료들이 선호하는 두 번째 버전인 Pet 인터페이스는 다형성 버전이었다. Pet 타입이 다양한 다른 내부 구현을 숨긴 추상 인터페이스이기 때문이다.

다형성이 너무나 찬사를 받았기에 이를 올바르게 사용하는 것과 아예 시도하지 않는 것밖에 선택지가 없다고 생각할 수도 있다. 하지만 다른 선택지도 있다. 유연한 다형성 솔루션을 구축하려는 것처럼 보이지만 실제로는 프로그램에 어느 정도의 경직성을 부여하는 접근 방식을 사용하는 것이다. 식료품 목록의 가격을 가져오는 슈퍼마켓 계산 프로그램 예제를 살펴보자.

```
ArrayList<Object> shoppingList = getShoppingList();

for (Object item : shoppingList) {
    int price = 0;
```

```
    if (item instanceof ScanItem) {

        // 가격 확인을 위한 바코드 스캔

        price = item.lookupPrice();

    }

    else if (item instanceof ProduceItem) {

        // 중량 기준 상품의 가격 계산

        price = item.getPriceByWeight();

    }

    else if (item instanceof ReducedItem) {

        // 할인 품목은 근무자가 직접 태그의 가격을 입력해야 함

        price = item.keyInPrice();

    }


    System.out.println(price)

}
```

두 가지 설계 결정을 통해 눈에 띄지 않는 방식으로 유연성을 없앨 수 있다.

첫째, 식료품은 다양한 타입으로 제공되므로, 리스트에는 Object 타입(다른 모든 타입에서 파생된 자바 타입)을 포함하는 것으로 선언한다. 그러면 어떤 유형이 리스트에 있는지 정확히는 알 수 없지만, 적어도 그것들이 Object라는 것은 확인할 수 있다. 그러나 부수적인 세부사항 외에도 Object는 다양한 식료품 타입과 개념적 관계를 공유하지 않기 때문에 목록의 내용을 다루기가 힘들다.

둘째, 각 타입의 식료품 가격은 수동으로 스캔, 계량 또는 입력하는 등 다양한 방식으로 가격이 저장된다. 즉, 타입마다 가격을 알기 위한 메소드가 다르다. 각 식료품 타입을 테스트함으로써, 감독관은 당신이 다양한 타입의 문제를 고려하고 있다고 생각한다. 하지만 우리는 그와 동시에 다음과 같은 멋지고 미묘한 문제들을 슬쩍 숨긴다.

- 이 코드의 if문은 더 많은 타입의 식료품을 추가할 때마다 잠재적으로 매우 커질 수 있으며, 긴 if문의 연결은 항상 재미를 줄 수 있다.
- 새로운 유형의 식료품을 소개하고 if문에 추가 조건을 넣지 않으면, 프로그램은 새로운 유형의 식료품을 다루는 방법을 모르기 때문에 제대로 작동하지 않는다. 운 좋게도 이 코드에는 마치 식료품 타입을 테스트하는 것 같은 여러 개의 if문이 포함되어 있다. if 항목이 많을수록 하나 이상의 if 조건을 잊을 가능성이 크다.

❗ 주의하기! ··

instanceof 키워드(또는 여러분의 언어에서 타입이 동일한지 확인할 때 사용하는 키워드)의 광범위한 사용이 동료의 눈살을 찌푸리게 하더라도 놀라지 말아라. 이 경우, 이전의 애완동물 예제처럼 체크아웃 코드가 구체적으로 구현되어 있기에 그랬을 것이다. instanceof 키워드는 객체가 특정하게 구현된 타입인지 확인하는 데 사용된다.

코드가 추상 인터페이스로 프로그래밍 되어 있다면 당신은 코드를 더 쉽게 받아들일 수 있다. 하지만 프로그램이 각기 다른 타입의 객체 컬렉션을 처리하는데 어떻게 그럴 수 있을까?

먼저, 이전 절에서 학습한 내용을 적용하고, 모든 식료품 타입에 대한 인터페이스를 작성한다. 가격을 얻기 위한 정확한 메소드는 다를 수 있지만, 전혀 문제가 되지 않는다. 우리는 모든 식료품에는 가격이 있다는 한 가지 확실한 사실을 알고 있다.

```
interface Grocery {
    int getPrice();
}
```

이제, 각각의 구체적인 항목은 동일한 메소드로 가격을 가져올 수 있다.

```
// ProduceItem은 무게를 기반으로 가격을 측정하는 Grocery 타입 중 하나이다.
public class ProduceItem implements Grocery
{
    // 킬로그램당 가격
    private int pricePerKg;

    public ProduceItem(int pricePerKg) {
        this.pricePerKg = pricePerKg;
    }

    public int getPrice() {
```

```
        // Scales 클래스에 이 아이템의 무게를 요청한다.
        return Scales.getWeight(this) * pricePerKg;
    }
}
```

리스코프 치환 원칙(Martin, 1996) 덕분에 이 모든 유형이 동일한 쇼핑 목록에 들어갈 수 있다. 이 원칙은 특정 타입의 객체는 동일한 타입 혹은 하위 타입의 다른 객체로 교체할 수 있어야 함을 나타낸다. 따라서 다음과 같은 코드가 나타날 수 있다.

```
List<Integer> numbers = new ArrayList<Integer>();
```

왼쪽 타입은 추상적이다. 오른쪽 타입은 구체적인 클래스이다. 예를 들어 다음과 같은 서브루틴에 이 변수를 전달할 수 있다.

```
// 개수 총합을 반환
Integer sum(List<Integer> nums) { // ...
```

당신은 numbers의 인스턴스를 LinkedList로 변경할 수도 있다.

```
List<Integer> numbers = new LinkedList<Integer>();
```

그러나 LinkedList는 여전히 List이기 때문에[6] 프로그램의 다른 곳은 수정할 필요가 없다. 마찬가지로 다음과 같이 시작할 수 있다.

```
Pet lassie = new Dog();
feeder.giveFood(lassie);
```

그리고 그 후에 lassie가 사실은 고양이였다는 것을 발견했다면, 한 곳에서만 코드를 변경하면 나머지는 계속해서 동작할 것이다.

```
Pet lassie = new Cat();
feeder.giveFood(lassie);
```

이 원칙으로 인해 컬렉션 내의 다양한 타입들을 모두 비슷한 방법으로 처리할 수 있다.

```
List<Grocery> shoppingList = getShoppingList();

for (Grocery item : shoppingList) {
    int price = item.getPrice();
```

---

[6] ArrayList와 LinkedList 둘 다 List 인터페이스의 구현체이기 때문이다.

```
    System.out.println(price)
  }
```

이제 리스트 내의 모든 것은 식료품이다. 루프는 특정 타입과 관계없이 각 항목이 getPrice() 메시지를 수신할 때 응답할 뿐이다. 많은 추가 식료품 타입을 추가하더라도 이 루프는 변경 없이 계속해서 정확한 가격을 계산할 수 있다.

04 | 상속을 남용하거나 오용하기

네가 가진 것이 망치뿐일 때, 모든 문제는 못처럼 보인다.

- 속담

상속은 일반적인 객체지향 프로그래밍 교육에서 가장 먼저 배우는 트릭 중의 하나이다. 당신이 배운 모든 깔끔한 트릭과 마찬가지로, 상속은 당신이 손에 쥐고 있는 도구인 '망치'가 되기 때문에 모든 문제가 못처럼 보이게 될 것이다.

☠ 깊게 들어가 보자

당신은 상속을 클래스를 확장하는 수단으로 사용해 왔을 것이다. 기존 클래스를 가져와서 상속하고 새 멤버를 추가하여 클래스의 기능을 강화한다.

예를 들어, Car 클래스에서 시작하여 나중에 새로운 Land Rover를 모델링한다고 가정해 보자. 하지만 이 차는 그저 오래된 차가 아니다. Car와 같은 흔한 타입으로는 그 훌륭함을 제대로 포착해낼 수 없는 섹시한 4륜 구동 자동차다. 자체적인 클래스가 필요하다. 따라서 기존의 Car 클래스를 확장하여 FourWheelDriverCar 클래스를 만든다. 그림 9-1에서 이에 대한 설명을 그림으로 확인할 수 있다.

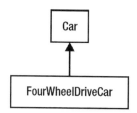

그림 9-1 다른 것으로부터 상속하는 클래스

```
class Car {
  // ...
}

class FourWheelDriveCar extends Car {
  // 4륜 구동 모드 활성화
  public void activate4WD() {
    // ...
  }
}
```

이 문제를 못이라고 생각하면, 상속을 망치로써 얼마든지 사용할 수 있다. 도입하려는 모든 추가 기능에 대해 기존의 덜 세부적인 클래스를 간단히 확장하면 된다. 미친듯이 깊이 파고들어 보자.

물론, 이 반복된 확장으로 인해 상속의 깊이는 깊어지겠지만(그림 9-2 참조), 누가 신경 쓰겠는가?

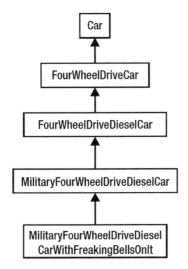

그림 9-2 5레벨 깊이의 상속 계층

❗ 주의하기! ··

사실, 상속의 계층이 깊어지면 누군가 불만을 제기할 수 있다. 특정 깊이를 넘어서면 테스트 및 유지 보수에 심각한 문제를 일으킬 수 있다.

계층이 깊어질수록 코드를 이해하기가 더 어려워진다. 수많은 슈퍼 클래스를 통해 잠재적으로 수십, 수백 개를 상속받았기 때문에, 실제로 어떤 메소드나 필드를 제공하는지 알기 어려울 수 있다. 객체지향 프로그래밍 설계 사례 중 유명한 연구에서는 하나의 상속 계층이 8레벨 깊이에 달했는데, 이 클래스는 자체 메소드를 단 4개만 가졌지만 조상들이 부여한 132개의 메소드를 사용할 수 있었다(Chidamber and Kemerer, 1994).

상속된 메소드 중 일부가 계층 구조의 중간에 있는 일부 클래스에 의해 대체되면 상황을 이해하기는 더욱 힘들어진다. 가장 깊이 있는 클래스가 제공하는 메소드의 버전을 결정하는 것도 답답할 정도로 어려워진다.

상속 계층이 깊으면 잠재적 파급 효과도 크다. 상위 계층 클래스의 행위를 변경하면, 그 후손들의 행동도 의도치 않은 방식으로 갑자기 바뀔 수 있다. 구체화된 클래스에서 상속받으면 부모와 자식 간에 강한 결합이 이루어지고, (챕터 8에서 설명한 바와 같이) 강력한 결합은 의도치 않은 연쇄 효과를 유발하기 때문이다. 깊은 상속 계층 구조에서 이런 작업을 수행하면 파급 효과가 더 멀리 퍼지기 때문에 문제가 더욱 심각해진다.

여러 연구에 따르면 클래스가 상속 계층에 깊이 있을수록, 특히 많은 메소드가 포함되어 있을 때 오류가 발생하기 쉽고 유지 보수 비용이 많이 든다고 한다(Basili 등, 1996; Briand and Wüst, 2002; Prechelt 등, 2003).

상속 트리 깊이의 최대 허용치에 대한 판단은 여전히 논의 중인 것으로 보인다. 약 3~4개 정도 레벨(Microsoft, 2016)에서 최대 10개(CA-CST-SII, 2015)까지 볼 수 있다. 작가의 생각으로는, 두 가지 중 더 낮은 것을 우선해야 한다고 생각한다.

··

☠ 빠르고 지저분한 재사용

코드를 재사용하고 싶거나 또는 재사용할 수밖에 없는데 해당 코드가 다른 클래스에 있다면, 왜 상속을 사용하지 않는가? 간단하다. 상속은 자동으로 부모의 모든 메소드에 접근할 수 있기 때문에, 재사용할 코드가 포함된 클래스로부터 상속받을 수 있다.

이를 증명하기 위해, 동물의 행동을 모델링하는 프로그램의 샘플 일부를 보자. 이 프로그램에는 이미 다른 사람이 담당하는 Bird 클래스가 포함되어 있다.

```java
class Bird {
    boolean flying = false;

    public void fly() {
        flying = true;
        System.out.println("I'm flying!");
    }
}
```

당신의 임무는 박쥐를 모델링하는 다른 클래스를 추가하는 것이다. 새로운 Bat 클래스는 Bird 클래스에 이미 포함되어 있는 fly 메소드가 필요하다. 작업을 단순화하기 위해 Bat를 Bird에서 상속하여 fly 메소드에 접근하게 할 수 있다.

```java
class Bat extends Bird {
    public void squeak() {
        System.out.println("'Squeak, squeak!'");
    }
}
```

잘 동작하는가? 다음을 보자.

```java
Bat batsy = new Bat();
batsy.squeak();
batsy.fly();
```

코드를 동작시키면 모두 예상대로 작동한다.

'Squeak, squeak!'
I'm flying!

필요한 기능을 추가했으므로 임무가 완수되었다. 그러나 덫을 놓듯이, 당신도 문제의 씨앗을 뿌려놓았다. Bird 클래스를 책임지는 코더는 알을 낳는 행위를 추가한다. Bird 클래스는 이제 다음과 같다.

```java
class Bird {
    boolean flying = false;
    int eggs;

    public void fly() {
        flying = true;
        System.out.println("I'm flying!");
    }

    public void layEggs(int n) {
        eggs += n;
        System.out.println("Laid " + eggs + " eggs");
    }
}
```

그들은 덫을 밟았다. Bat 클래스는 Bird의 모든 것을 상속했으므로, 이제 박쥐도 알을 낳을 수 있도록 모델링되었다.

❗ 주의하기! ···

상속은 객체지향 프로그래밍 요소 중에서 흔히 잘못 사용되는 기술 중 하나이며, 잘못 사용하면 유연하지 않고 유지 보수가 어려운 코드 베이스가 된다. 따라서 사용하기로 결정하기 전에 신중히 생각해야 한다.

이는 C와 D 두 클래스 사이의 관계를 만들며 종종 is-a 관계라고 불린다. 클래스 D가 클래스 C에서 상속받을 때 D가 C라고 말할 수 있기 때문이다. 앞의 예에서 Bat는 단지 몇 가지 코드를 재사용하기 위해 Bird를 상속한다. 이러한 관계는 의미를 갖지 못하기 때문에 상속의 남용이다. 박쥐는 새가 아니며, 날 수 있다고 해서 새가 되는 것도 아니다.

객체지향 프로그래밍 전문가는 단지 코드를 재사용하기 위해 상속을 사용하지 말 것을 권고한다. 통념적으로 상속은 추상 개념들 사이의 차이를 포착하는 수단으로 가장 좋다고 한다. 우리는 앞서 Dog와 Cat을 좀 더 구체적인 Pet의 형태로 정의하거나, ProductItem과 ScanItem을 구체적 형태의 Grocery로 정의할 때 이를 확인했다. 하지만 앞의 예에서는 Bat를 Bird의 일종으로 정의했는데, 이것은 말이 안 된다.

이 예에서는 상속을 보다 적절하게 사용해야 한다. 차이를 확인하기 위해서는 먼저 추상적인 개념을 파악해야 한다. 이 경우, 프로그램은 동물의 행동을 모델링하므로 추상적 개념은 날거나 알을 낳는 것과 같은 여러 종류의 동물이 공유하는 특성이나 행동이다. 우선 그렇게 하면 다음과 같은 추상적 개념들을 얻을 수 있다.

```java
interface Flyer {
    void fly();
}

interface EggLayer {
    void layEggs(int n);
}
```

따라서 다음과 같은 개념을 확인할 수 있다.

- 박쥐는 날 수 있기 때문에, Bat 클래스는 Flyer의 한 종류이다.
- 새는 날 수 있고 알을 낳을 수 있기 때문에, Bird 클래스는 Flyer와 EggLayer의 한 종류이다.

```java
class Bird implements Flyer, EggLayer {
    boolean flying = false;
    int eggs;

    public void fly() {
        flying = true;
        System.out.println("I'm flying!");
    }
```

```java
  public void layEggs(int n) {
    eggs += n;
    System.out.println("Laid " + eggs + " eggs");
  }
}


class Bat implements Flyer {
  boolean flying = false;

  public void fly() {
    flying = true;
    System.out.println("I'm flying!");
  }
}
```

이렇게 하면 상속의 사용성을 개선할 수 있지만, fly 메소드를 여러 번 구현해야만 한다. 기존의 목표는 메소드를 한 번 정의하고 재사용하는 것이었다. 여기서 언어의 선택이 중요해진다. 예를 들어, Flyer를 fly구현체를 포함하는 일종의 부분 클래스로 변경할 수 있지만, 이는 인스턴스화를 의미하지는 않고 단지 상속을 의미할 뿐이다. 이는 자바의 추상 클래스에 해당한다. 그러나, 자바는 일부 다른 언어처럼 클래스의 다중 상속을 지원하지 않으므로, 동물 클래스는 Bird가 해야만 했던 것처럼 여러 가지 행동을 상속할 수 없을 것이다(다른 언어를 사용하면 mixins나 traits 같은 기술을 사용할 수도 있다. 하지만 여기서는 자바에 집중한다).

자바 8 이후부터, 재사용 가능한 fly 메소드를 작성하는 간단한 방법은 기본 메소드를 사용하는 것이다.[7] 이렇게 하면 모든 구체화된 클래스가 인터페이스를 상속받을 때 이어받을 수 있는 메소드의 단일 기본 구현체를 생성한다.

```java
  interface Flyer {
    void setFlying(boolean flying);

    default void fly() {
      setFlying(true);
      System.out.println("I'm flying!");
    }
  }
```

---

[7] 특정 설계 패턴을 사용하는 것처럼 상속을 사용하지 않고 이를 수행하는 방법도 있다. 하지만 여기서는 상속에 중점을 두기 때문에 이대로 진행할 것이다.

```
class Bat implements Flyer {
    boolean flying = false;

    public void setFlying(boolean flying) {
        this.flying = flying;
    }
}

class Bird implements Flyer, EggLayer {
    boolean flying = false;

    public void setFlying(boolean flying) {
        this.flying = flying;
    }

    public void layEggs(int n) {
        eggs += n;
        System.out.println("Laid " + eggs + " eggs");
    }
}
```

즉, fly 메소드는 이제 Bird와 Bat 클래스에서 모두 사용할 수 있고, 한 곳에 정의되었으며, 상속 계층 구조는 이 모든 것을 성취하기 위해 절충하여 사용되지 않았음을 의미한다.

테스트

☑ 버그를 노출시킬 수 있는 위협적인 테스트로부터 코드를 보호하는
방법
  - 테스트의 소유권 유지하기
  - 최소한의 필요한 일만 하기
  - 테스트할 수 없는 프로그램 작성하기

☑ 동료에게 큰 혼란을 주는 테스트 작성 방법
  - 환경에 따른 테스트의 성공 여부
  - 테스트의 목적을 불필요하게 확장하여 테스터를 위한 일 만들기
  - 변덕스럽고 제어 불가능한 요소 추가

사전에 알아야 하는 것들

☑ 단위 테스트와 통합 테스트의 기본 개념
☑ JUnit 같은 자동화된 테스트 프레임워크를 사용한 기본 테스트 케이
스 작성 방법

테스팅은 소프트웨어 개발 프로세스의 큰 부분을 차지하며, 일반적으로 다음과 같은 다양한 단계로 나뉘어 있다.

- ✦ 단위 테스트: 일반적으로 모듈의 루틴 수준에서 프로그램의 개별 조각을 테스트
- ✦ 통합 테스트: 여러 모듈을 함께 테스트
- ✦ 시스템 테스트: 팀이 기능 검증을 위해 시스템 전체를 실행
- ✦ 인수 테스트: 고객의 기대치를 충족하는지 확인하기 위해 전체적으로 시스템을 실행

단계들은 위에서부터 차례로 점차 더 중요해지고 더 많은 사람이 참여한다. 주로 집단으로, 책임감 있는 상급 팀의 감시하에 테스트를 수행하기 때문에 당신처럼 수준 낮은 불평꾼이 후반에 테스트를 망칠수 있는 가능성은 거의 없다.

그러나, 자신이 맡았던 부분을 테스트할 가능성이 있는 단위 테스트와 통합 테스트의 초기 두 단계에서는 영향력을 행사할 수 있다. 따라서 이번 챕터에서는 코드의 개별 유닛을 테스트[1]하는 초기 테스트 단계에 초점을 맞춘다.

여러분들은 자신이 직접 만든 모듈과 서브루틴을 잘 알고 있다. 버그가 어디 숨어 있는지도 알며 이를 그대로 두고 싶다. 결과적으로 여러분은 비효율적인 테스트를 통해 버그가 살아남도록 해야 한다.

---

[1] 유닛(Unit)은 일반적으로 개별 서브루틴 레벨에서 프로그램을 테스트할 수 있는 가장 작은 부분이다.

01 | 코드 보호하기

남들이 당신의 코드를 볼 수 없도록 해야 한다. 다른 사람이 그것을 보고 테스트를 하게 된다면, 당신의 사랑스러운 버그들이 모두 발견될 위험이 생긴다. 이 절에서는 코드를 보호하는 방법을 알아본다.

💀 비밀로 하라

코드에 대한 테스트를 피할 수 있다면 당연히 그렇게 해야 한다. 그러나 리더가 모든 프로그램 코드를 테스트해야 한다고 주장하는 프로젝트에 참여할 가능성이 더 높다. 만약 그렇다면, 당신은 자신이 작성한 코드를 자신이 테스트할 수 있도록 지켜내야 한다. 당신이 코드의 작성자이기 때문에 테스트하기에 가장 적합한 위치에 있다고 주장하라. 동료가 테스트를 대신하게 된다면 그들은 당신처럼 조심스럽게 수행하지 않을 것이고, 당신의 코드는 빠르게 무너지고 말 것이다.

❗ 주의하기! ··

위의 마지막 문장은 유닛을 작성한 사람이 아닌 다른 사람을 지정하여 테스트를 해야 하는 이유를 설명한다.

코드의 자랑스러운 작가로서, 당신은 분명 소중한 창작물을 살살 다루며 테스트를 할 것이다. 반면에 당신의 동료는 당신의 코드를 세밀하게 테스트할 기회를 노리고 있다. 다른 사람의 문제를 폭로할 기회는 너무나 보람차서 거부할 수 없기 때문에, 그들은 자신이 할 수 있는 모든 일을 해서 코드를 무너뜨릴 것이다. 코드가 얼마나 잘 견디는지 보는 것이 품질을 입증하는 가장 좋은 방법이므로, 그들이 하는 일은 분명 좋은 일이다.

원천적인 욕망 외에도, 코드에 대한 동료들의 지식 부족은 사실 단점이 아니라 장점이다. 당신은 작동 방식을 이미 알고 있기 때문에 (무의식적으로) 특정 방식으로 테스트할 것이다. 하지만 동료는 정확하지만 버그를 노출시킬 수 있는 예상치 못한 방식으로 코드를 사용할 가능성이 더 크다.

....

☠ 최소한만 하라

당신의 방법이 성공해서 자신의 코드를 테스트할 수 있게 됐다면, 당신은 적당히 가볍게 이를 수행할 수 있다. 아마 제로 테스트는 피할 수 없겠지만 유닛의 동작을 거의 혹은 전혀 검증하지 않는 테스트 코드를 작성하는 것만으로도 팀의 감시하는 눈을 피할 수 있다.

다시 말해서, 당신의 테스트가 쓰이긴 했지만 읽을 수 있게는 쓰이지 않았기를 바란다. 정말 뻔뻔해지고 싶다면 다음과 같이 테스트 케이스를 작성하라.

```java
public class MainTest {
  @Test
  public void testMyMethod() {
    assertTrue(true);
  }
}
```

true가 참인지 확인하는 테스트는 시간이 끝날 때까지 계속될 것이다. 물론 테스트를 대충 훑어보기만 해도 여러분이 한 일을 알아차릴 수 있을 것이고, 따라서 이 접근은 상당히 위험할 수도 있다.

대신에 당신은 절대적으로 최소한만 테스트할 수 있다. 단위 테스트의 목적은 유닛이 포괄적 범위의 철저한 테스트를 견딜 수 있다는 것을 증명함으로써 오류가 없다는 것에 대한 자신감을 쌓는 것이다. 따라서 최소한의 테스트 범위(가능하면 한 가지)에서는 그다지 자신감을 쌓지는 못하겠지만, 진지하게 테스트하고 있다고 다른 사람들을 속일 수 있다.

예를 들어, fizzBuzz 루틴을 테스트하고 있다고 가정해 보자.

String fizzBuzz(int n)

fizzBuzz 게임은 특정한 숫자 n에 대한 정확한 답변을 계산한다. 이 게임에서는 플레이어가 1부터 차례대로 숫자를 올리는데 다음과 같은 규칙을 가진다.

+ 3으로 나누어떨어지는 숫자는 "Fizz"라는 단어로 바꿔야 한다.
+ 5로 나누어떨어지는 숫자는 "Buzz"라는 단어로 바꿔야 한다.
+ 3과 5로 나누어떨어지는 숫자는 "FizzBuzz"라는 단어로 바꿔야 한다.
+ (fizzBuzz는 문자열로 반환되지만) 다른 모든 숫자는 변경되지 않은 상태로 유지된다.

fizzBuzz 루틴은 다른 조건에서 서로 다른 방식으로 응답할 수 있으므로, 안정성에 대한 신뢰를 구축하기 위해 몇 가지 테스트(각기 다른 응답마다 최소한 하나)가 필요하다. 그러나 당신은 자신감을 쌓는 것에는 관심이 없기 때문에 단 한 번의 테스트로 충분할 것이다.

```
public class FizzBuzzTest {
    @Test
    public void testFizzBuzz() {
        FizzBuzzGame game = new FizzBuzzGame();
        String response = game.fizzBuzz(4);

        assertEquals(response, "4");
    }
}
```

당신이 무엇을 하든, 다양한 입력 데이터가 포함된 테스트 케이스를 만들고 싶다는 유혹에 넘어가지 말아라. 결국 프로그램의 문제를 노출시키게 될 것이다.

❗ 주의하기!

유닛 코드를 철저히 테스트하려면 충분한 예측이 필요하다. 철저한 테스트는 현실적인 가능성이 매우 적기 때문이다. 심지어 n 제곱을 반환하는 서브루틴인 square(n)만큼 단순한 것조차도 가능한 모든 값에 대해서 수백만 번의 테스트 실행이 필요하다. a와 b 중에서 높은 값을 반환하는 max(a, b)와 같이 약간 더 복잡한 것은 조합 폭발로 인해 엄청나게 많은 테스트가 필요할 것이다.

따라서, 보다 체계적이고 테스트 잠재력을 극대화하는 비교적 작은 테스트 세트를 설계해야 한다. 그중 한 가지 방법은 동일 분할이라고 하는 유용한 블랙박스[2] 기술이다. 이 방법을 적용할 때는 유닛에 대한 입력을 검사하고, 이로써 도출될 만한 행동을 예측하고, 가능한 모든 값을 그룹으로 나눈다. 이런 그룹을 등가 클래스라고 부른다. 각 그룹의 입력은 다른 출력을 유도하지만, 단일 그룹의 모든 값은 동일한 종류의 동작을 유발한다고 가정한다.

모든 값을 테스트하는 대신 각 등가 클래스에서 하나의 값을 선택하여 해당 클래스의 모든 값을 대표하도록 만든다. 잠재적 오류를 노출시키려면 각 클래스에서 하나의 값만 있어도 된다고 가정한다.

fizzBuzz 서브루틴 예제에서, n을 입력받는 등가 클래스는 다음을 포함한다.

- 일반적으로 허용되는 숫자(예: 8): 30이나 5로 나눌 수 없는 모든 숫자. 메소드는 우리가 주는 것과 같은 숫자를 반환해야 한다. 만약 이 숫자가 작동하면, 이 클래스의 다른 숫자도 모두 작동함을 의미한다.
- Fizzes(예: 3): 3으로 나눌 수 있는 모든 숫자. 메소드는 "Fizz"를 반환해야 한다.
- Buzzes(예: 10): 5로 나눌 수 있는 모든 숫자. 메소드는 "Buzz"를 반환해야 한다.
- FizzBuzzes(예: 30): 3과 5로 나눌 수 있는 모든 숫자. 메소드는 "FizzBuzz"를 반환해야 한다.

그리고, 하나의 테스팅 노하우가 우리에게 "버그는 구석에 숨어 있고, 경계선 주위로 모인다"고 경고하기 때문에(Bezier, 1990) 다음 경우도 테스트한다.

- 허용 가능한 경계(예: 1): 작동해야 한다.
- 허용할 수 없는 경계(예: 0): 거부되어야 한다.

등가 클래스는 그림 10-1에 나타나 있다.

---

[2] 블랙박스 테스팅은 사용자가 유닛의 내부 동작을 모른다는 것을 전제로 한다. 이 방법은 당신이 유닛 작성자가 아니거나 유닛이 구현되기 전에 테스트를 설계할 때 적합하다.

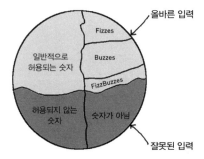

올바른 입력

Fizzes

Buzzes

일반적으로
허용되는 숫자

FizzBuzzes

허용되지 않는
숫자

숫자가 아님

잘못된 입력

그림 10-1 그림으로 표현된 FizzBuzz에 대한 입력의 등가 클래스들

약간의 계획만으로 모든 상황을 다루는 7가지 테스트를 만들었다. 모든 테스트를 통과하면 서
브루틴에 대한 신뢰도가 높아진다.

또한, 많은 테스팅 프레임워크를 통해 코드 커버리지 보고를 쉽게 적용할 수 있다. 이것은 테
스트 중에 코드의 어떤 라인이 실행되고 실행되지 않는지를 보여 주는 화이트박스 기법[3]이다.
실행된 라인에 버그가 없다는 것을 확신할 수 있는 방법이다.

코드 커버리지 보고서는 일반적으로 테스트 중 실행된 유닛 라인의 백분율로 결과를 제공한
다. 일반적으로 커버리지가 높은 유닛은 커버리지가 낮은 유닛보다 버그가 적다. fizzBuzz 서
브루틴을 다시 예시로 사용하여 식별된 등가 클래스가 테스트로 실행되었다고 가정해 보자.
커버리지 보고서는 다음과 같다.

```
public String fizzBuzz(int n) {
>   String output = "";
>   if (n < 1) {
>       return "Error: number must be positive";
>   }
>   if (n % 3 == 0) {
>       output += "Fizz";
>   }
>   if (n % 5 == 0) {
>       output += "Buzz";
>   }
>   return output.isEmpty() ? Integer.toString(n) : output;
}
```

---

[3] 화이트박스 테스팅은 유닛의 내부 동작을 알고 있다고 가정하는 것이다.

앞에 '>' 기호가 있는 라인은 테스트 중에 실행된 라인을 나타낸다. 보다시피 등가 클래스는 메소드 내부에 있는 커버되는 라인을 식별한다.

....

🕱 포기하게 만들어라

당신은 내부 정책으로 인하여 소중한 코드를 테스트하지 못할 수도 있다. 냉정한 동료들은 당신의 아이를 품에서 빼내어 테스트를 하기 위해 다른 사람에게 무신경하게 던질 것이다.

그런 상황이 오면 모든 것이 사라진 것처럼 느껴질 수도 있다. 코드를 테스트하는 동료는 당신만큼 쉽게는 못하겠지만, 동료가 모든 버그를 찾아내는 것은 시간문제일 뿐이다. 그러나 사실 테스트 단계 전에 결과를 준비할 수 있다. 특히, 당신의 동료들이 테스트하기 어렵게 만들어서 실패하도록 최대한 노력해야 한다.

앞 챕터에서 이미 테스트를 어렵게 만드는 몇 가지 팁을 주었다. 다음은 그중 중요한 부분들을 요약한 내용이다.

+ 코드를 엉망으로 배치해라. 엉망으로 배치된 코드는 이해하기 힘들기 때문에 화이트박스 테스트가 더 어려워진다.
+ 코드를 문서화하지 말아라. 이로써 각 유닛이 무엇을 해야 하는지 결정하고 어떤 테스트가 적합한지를 설명하기 어려워진다.
+ 전역변수를 사용해라. 이들은 테스터가 해당 유닛에만 집중하지 못하게 만들어 테스트를 방해한다.
+ 매우 복잡한 유닛을 작성해라. 복잡한 코드는 수많은 경우의 수를 만들 수 있으므로, 테스터가 매우 많은 테스트 케이스를 작성해야 함을 뜻한다.
  - 이에 대한 후속 조치로, 조건에 복잡한 표현식을 포함시켜라. 이해하기 어려울 뿐만 아니라, 복합 표현식은 필요한 테스트의 수를 늘린다.
+ 대규모의 모놀리식 루틴을 우선시해라. 작고 집중된 서브루틴으로 나누지 말아라. 거대한 서브루틴은 테스트하기 전에 이해하기 위해 더 많은 노력이 필요하다.
+ 서브루틴에 많은 매개변수를 넣어라. 그러한 서브루틴은 테스트하는 데 더 많은 노력이 필요하다.

- 오류 정보를 누락하거나 빈약하게 작성해라. 이는 테스터가 실패한 테스트로부터 사건을 재구성하는 것을 어렵게 만든다.
- 모듈에 많은 의존성이 있는지 확인해라. 모듈을 테스트할 때, 의존성을 설정해야 한다. 의존성이 많을수록 테스터의 설정 작업은 많아진다.
- 모듈을 강하게 결합해라. 이렇게 하면 유닛의 동작이 다른 유닛의 동작에 영향을 미치기 때문에 단일 유닛에 집중하려는 테스터의 노력을 좌절시킨다.
- 깊은 상속 계층을 만들어라. 계층 깊은 곳에 위치한 클래스를 테스트하려면 더 많은 설정 작업이 필요하다. 게다가 숨겨진 관계와 메소드 재정의로 인해 클래스의 예상 동작을 이해하기 어려워진다.

테스터가 지옥을 겪게 하고 싶다면 가능한 한 많은 것을 적용해라.

🛡 주의하기!

이전 챕터에서는 여기서 인용한 모든 관행을 살펴봤으며, 관행이 나쁘다고 여겨지는 이유와 수용할 만한 대안을 설명했다. 더 나은 대안을 선택하면 일반적으로 유닛의 테스트 용이성이 향상된다.

02 | 테스트 코드에 함정 파기

단위 테스트는 영원히 계속되어야 한다. 일단 작성되고 나면 단위 테스트는 코드베이스에 머물면서 기능 동작 검증과 회귀 검증의 역할을 수행한다. 테스트가 코드베이스에 통합된 후에는 해당 테스트로 혼란을 일으킬 기회가 사라진 것처럼 보일 수 있다.

실제로는 그렇지 않다.

똑딱거리는 시한폭탄과 같은 단위 테스트를 작성한다고 상상해 보라. 처음에는 통과해 코드베이스에 들어가지만, 이는 가까이 있는 불행한 동료를 잡을 준비가 되어 있는 함정과도 같다.

알 수 없는 미래에 알 수 없는 이유로 테스트가 쉽게 깨지게 만들어, 복잡한 테스트 코드를 들여다 보던 동료들이 당신의 이름과 육두문자를 외치게 할 만한 테스트를 작성할 수도 있다.

☠ 특정 컴퓨터에서만 돌아가는 테스트를 짜라

"음, 내 컴퓨터에서는 되는데?"

지옥에는 이 문장을 사용하는 사람들을 위한 특별한 장소가 있다. 여기에 자리를 예약하는 방법은 다음과 같다.

한 시스템에서는 프로그램이 올바르게 동작하지만 다른 시스템에서는 실패하는 경우는 흔하다. 물론 다른 프로그래머들은 이런 결과를 피하고자 최선을 다한다. 하지만 당신은 적극적으로 이를 추구한다.

이런 불일치가 발생하는 일반적인 이유 중 하나는 프로그램이 시스템마다 특성이 다른 일종의 외부 리소스를 참조하기 때문이다. 이 사실을 이용해서, 초기에는 작동하지만 나중에 다른 사람이 실행할 때 고장나도록 하는 테스트를 작성할 수 있다.

예를 들어, 시스템에 있는 리소스에 대한 테스트를 수행하는 경우, 당신 컴퓨터에서는 작동하지만 동료들이 자신의 컴퓨터에서 실행할 때는 실패한다. 다음 스크립트는 간단한 음식 메뉴 프로그램을 테스트한다. 프로그램은 텍스트 파일에서 메뉴의 이름을 읽는다.

```java
public class Menu {
    private List<String> items = new ArrayList<>();

    public void loadMenu(String path) throws IOException {
        Path menuFile = Paths.get(path);
        BufferedReader reader = Files.newBufferedReader(
                        menuFile,StandardCharsets.UTF_8);
        String line;
        while ((line = reader.readLine()) != null) {
        addItem(line);
        }
    }

    public void addItem(String s) {
        items.add(s);
    }

    public int getMenuSize() {
        return items.size();
    }
}
```

모두 잘 되지만, 당신의 테스트 스크립트는 loadMenu 메소드를 다음과 같이 검증한다.

```
@Test
public void testLoadMenu() {
    Menu m = new Menu();
    // 8개의 메뉴가 있는 파일
    m.loadMenu(
        "c:\\Users\\asmith\\MenuApp\\data\\menuData.txt");

    assertEquals(m.getMenuSize(), 8);
}
```

하드코딩된 파일 경로는 자신의 컴퓨터에 있는 개인 홈 폴더를 가리킨다… 다른 곳에는 존재하지 않는 위치로 말이다. 즉, 테스트는 통과하지만 다른 시스템에서는 실패한다.

물론 하드코딩된 파일 경로가 너무 빨리 오류를 발생시켜 동료들이 쉽게 발견할 수 있지만, 다른 미묘한 기술도 있다. 예를 들어, 이전 테스트를 환경변수[4]를 사용하도록 변경하면 컴퓨터에 종속적이지 않은 테스트를 작성한 것처럼 보일 수 있다.

```
@Test
public void testLoadMenu() {
    Menu m = new Menu();
    String path = System.getenv("CD") + "\\data\\menuData.txt";
    m.loadMenu(path);
```

---

[4] 실행 중인 프로세스에 사용 가능한 운영 체제에 의해 저장된 값

```
assertEquals(m.getMenuSize(), 8);
}
```

CD의 값은 Microsoft Windows 시스템에서 사용할 수 있으며, 프로그램이 실행 중인 현재 디렉터리의 위치를 기억한다. 즉, 테스트는 Windows가 설치된 모든 컴퓨터에서만 동작한다. Linux나 OS X와 같은 다른 플랫폼은 CD 환경 변수를 지원하지 않는다(이 경우 일반적으로 PWD[5]라고 한다). 따라서 Linux를 좋아하거나 Apple을 좋아하는 동료가 나타나 테스트를 실행하려고 시도하면 실패하고 말 것이다.

⚠ **주의하기!** ·····································

동료들을 정말로 짜증나게 하고 싶지 않다면, 테스트하고 있는 프로그램의 모든 측면을 모든 컴퓨터에서 재현할 수 있어야 한다. 여기에는 프로그램과 프로그램이 의존하는 외부의 모든 것을 포함한다. 외부 리소스는 환경에 따라 다르기 때문에 세심한 관리가 필요하다.

이전 예제에서는 파일 경로를 보여 주었다. 프로그램에서 파일을 사용할 때, 파일 시스템의 가변성을 제어해야 한다. 항상 다음과 같이 가정할 수 없다는 점을 기억해라.

- 파일 시스템 내의 프로그램 위치(사용자는 어디에나 설치할 수 있음)
- 프로그램이 설치된 플랫폼(예: Windows나 Linux) 및 이에 따라 처리 중인 파일 시스템

이러한 이유로 플랫폼에 독립적인 수단[6]을 사용하는 파일을 참조하고, 상대 경로의 사용을 고려해야 한다. 환경변수를 사용하여 테스트해야 한다면 테스트 실행 스크립트는 실행 전에 해당 변수 설정을 포함해야 한다.

또 다른 일반적인 문제는 타사 라이브러리와 같은 외부 의존성이다. 컴퓨터에 필요한 라이브러리가 있다고 해서 반드시 다른 모든 사람이 가지고 있는 것은 아니다. 테스트를 실행하기 위해 외부 의존성이 필요한 경우, 그 의존성을 얻는 것은 빠르고 고통 없는(또한 가급적이면 자동) 프로세스여야 한다. 외부 종속성을 식별하려면 이름, 버전과 같은 몇 가지 정보가 필요하다. 이름만 참조하고 FooLibrary 버전 3 전용 기능을 사용하면 버전 2만 설치된 동료에게 문제가 생긴다.

···

---

[5] 현재 작업 중인 디렉터리(Present Working Directory)
[6] 예를 들어, 자바에서는 new Path("path/to/file.txt") 대신에 Paths.get("path", "to", "file.txt")를 사용하자.

🕷 넓은 곳을 확인하게 하라

테스트 제품군에서 오류가 발생하면, 동료 중 한 명이 원인을 디버깅하는 일을 맡게 된다. 동료들은 틀림없이 디버깅은 좋은 것이라고 말한다. 그들이 그렇게나 사랑하는데, 그들을 위해 더 많은 디버깅 작업을 만들어 볼까?

해당 유닛의 동작 범위를 넘어서 단위 테스트의 범위를 확장함으로써 더 많은 작업을 만들어낼 수 있다. 테스트에 몇 개의 프로그램 유닛을 추가하면, 추가 유닛의 문제로 인해 프로그램 유닛이 손상될 수 있다. 즉, 오류를 디버깅하는 사람은 문제를 찾기 위해 더 많은 곳을 검색해야 한다는 뜻이다.

예를 들어, 고객으로부터 온라인 주문을 발송하려면 일반적으로 여러 단계가 필요하다. 이 코드 샘플은 프로그램으로부터 발송 프로세스를 보여 준다.

```
public class Order {
  public void dispatch()
  {
    OrderChecker checker = new OrderChecker();
    BankConnection bank = new BankConnection();

    // 다음의 두 경우만 발송한다.
    // a) 주문이 유효하고 b) 주문에 대한 비용을 입금 받은 경우
    if (checker.validate(this) &&
        bank.fundsReceived(this.order Number))
    {
      // 주문을 발송하는 코드
    }
  }
}

class OrderChecker {
```

```java
    boolean validate(Order order) { ... }

    // 기타...

}


class BankConnection {

    boolean fundsReceived(String orderNumber) { ... }

    // 기타...

}
```

Order.dispatch의 테스트 실패가 관측되었다는 것은 Order 클래스에 에러가 발생했다는 것이다. 그러나 dispatch 메소드는 다른 클래스의 메소드에 따라 다르다. Order.dispatch 메소드에 대한 테스트는 OrderChecker.validate 및 BankConnection.fundsReceived 메소드의 동작도 포함한다. 이 테스트 메소드는 OrderChecker나 BankConnection의 버그로 인해 실패할 수 있으므로 동료에게 디버그할 코드를 더 많이 줄 수 있다.

❗ 주의하기! ···

테스트를 작성할 때는 어느 정도의 레벨에 테스트의 초점을 맞추어야 하는지 명확히 해야 한다. 이전 예제처럼 여러 개의 협업 유닛을 함께 테스트해 보는 것은 더할 나위 없이 타당하고 유용하다. 이는 통합 테스트의 예이다. 이런 테스트는 올바른 유닛이 서로 "연결되어" 있을 때 오류가 발생할 가능성이 크므로, 프로그램의 다양한 모듈이 예상대로 동작하는지 확인한다.

그러나, 단위 테스트는 테스트 범위를 넓히기 전에 단 하나의 유닛에 초점을 맞추어 올바르게 작동하는지 확인한다. 그렇게 하면 한 유닛에서 버그가 나타날 때, 버그가 있는 곳을 찾기 위해 다양한 협업 모듈을 선택할 필요가 없다. OrderTest 클래스가 실패하면 Order 클래스에만 버그가 발생한 것이다.

그러면 다른 모듈을 호출하는 서브루틴은 어떻게 테스트할 수 있을까? 정답은 다른 클래스를 빼는 것이다. 우리는 이것을 두 단계로 진행할 수 있다.

첫째, 프로그램 코드를 조정한다. OrderChecker 및 BankConnection 객체 자체를 인스턴스화함으로써 dispatch 메소드에 추가적인 책임을 부여하고 다른 클래스와 더욱 밀접하게 결합

되었다. 대신 해당 객체를 메소드 매개변수로 바꾸자.[7]

```
public void dispatch(OrderChecker checker, BankConnection bank) {
    if (checker.validate(this) &&
            bank.fundsReceived(this.orderNumber))
    {
        // 주문을 발송하는 코드
    }
}
```

둘째, 테스트 코드를 조정한다. OrderChecker 및 BankConnection 객체 자체를 인스턴스화하는 대신에 mock을 만든다. 이는 사용자가 지정한 고정된 방식으로 동작하는 더미 버전을 만든다는 의미이다. Mock 프레임워크는 여러 언어로 제공되며 다음과 같이 동작한다

```
@Test
public void testDispatch() {
    // 두 클래스의 빈 '가짜' 버전을 생성한다.
    OrderChecker checker = MockFramework
                    .createMock(OrderChecker.class);
    BankConnection bank = MockFramework
                    .createMock(BankConnectionclass);

    // validate 메소드가 실행될 때마다 더미 OrderChecker가 true를 반환
    MockFramework
        .when(checker.validate())
        .thenReturn(true);

    // fundsReceived 메소드가 호출될 때마다 더미 BankConnection이 true를 반환
    MockFramework
        .when(bank.fundsReceived())
        .thenReturn(true);

    Order testOrder = createNewOrder();
    testOrder.dispatch(checker, bank);
    assertTrue(order.isDispatched());
```

---

[7] 여기서 메소드 매개변수를 사용하는 것의 대안은 의존성 주입(Dependency Injection)이라고 불리는 것을 사용하는 것이다. 여기서 설명하진 않을 것이니, 궁금하다면 직접 찾아봐라.

        }

이제 다른 클래스의 동작을 고려하지 않으므로, 테스트는 Order 클래스의 동작에만 의존한다.

....

💀 카오스

프로그래밍은 제어가 전부다. 상상할 수 있는 가장 크고 복잡한 기차 세트를 가지고 노는 것과 같아서, 모든 요소 중에서 가장 세심한 조정이 필요하다. 모든 이벤트는 일정에 따라 발생되어야 하며 모든 객체는 매 순간마다 필요한 상태여야 한다. 프로그램을 예측 가능하게 만들면 테스트할 수 있게 된다.

따라서 예측 가능성을 줄이면 코드를 덜 테스트할 수 있다. 프로그램의 예측 가능성을 줄이려면, 혼합물에 비결정성을 도입하면 된다. 비결정적 루틴은 동일한 입력이 주어져도 출력이 달라질 수 있는 루틴이다. 출력 여부를 제어할 수는 있지만, 그 출력이 무엇인지는 제어할 수가 없다.

좋은 예는 무작위성이다. 원할 때마다 난수를 생성할 수 있지만, 그 결과는 통제할 수 없다. 이는 무작위성에 의존하는 코드의 테스트 가능성을 해친다.

예를 들면, 다음 코드는 특정 값을 테스트할 수 없다.

```
@Test
public void testDiceThrow() {
    int result = DiceThrow.getNextThrow();

    // 이 테스트는 대략 6회 중 5회 정도 실패한다.
    assertTrue(result == 2);
}
```

하지만 유효한 결과가 반환되는지 테스트할 수는 있다.

```
@Test
public void testDiceThrow() {
    int result = DiceThrow.getNextThrow();

    assertTrue(result <= 6);
}
```

이런 부정확성을 이용해서 한두 가지 문제를 숨길 수 있다. 이를 수행하는 한 가지 방법은 프로그램 코드에 버그를 몰래 넣는 것이다.

```
public class DiceThrow {
    public static int getNextThrow() {
        Random rand = new Random();
        return rand.nextInt(6);
    }
}
```

자바의 Random.nextInt(n) 메소드는 0부터 n까지 중 무작위로 하나의 숫자를 반환한다. 즉, getNextThrow 메소드가 0과 5 사이의 숫자만 반환한다는 말이다. 그러나 우리의 합리적으로 보이는 테스트는 그 문제를 결코 노출하지 않기 때문에 실제로는 결함이 있는 것이다.

또한 검증 구문을 약간 조정하여 추가 문제를 숨겨 놓음으로써 약간의 재미도 느낄 수 있다.

```
@Test
public void testDiceThrow() {
    int result = DiceThrow.getNextThrow();
```

```
            assertTrue(result >= 1 && result <= 6);

    }
```

이제 테스트가 때때로 실패하고(getNextThrow가 0을 반환하는 경우는 약 17%), 다른 팀원들이 테스트를 실행할 때마다 다른 결과를 얻어서 혼돈을 유발할 것이다.

변동성을 가져오는 것은 무작위성뿐만이 아니다. 시간도 문제가 될 수 있다. 특정 시간에 판매된 제품에 할인이 적용되는 해피 아워 기능을 가진 일종의 판매 프로그램이 있다고 가정하자.

```java
public class Product {
    private int price;

    public Product(int price) {
        this.price = price;
    }

    public int getPrice() {
        LocalDateTime now = LocalDateTime.now();
        // 자정~새벽 1시 사이에 반값 할인 판매
        if (now.getHour() >= 0 && now.getHour() < 1) {
            return price / 2;
        }
        return price;
    }
}
```

그리고 상품을 다음과 같이 테스트한다.

```
@Test
public void testGetPrice() {
    // $10.00 가격의 상품 생성
    Product p = new Product(1000);
    int price = p.getPrice();

    assertTrue(Integer.toString(price), price == 1000);
}
```

대부분의 경우 이 테스트는 통과한다. 그러나 뜬 눈으로 밤을 지새우며 테스트를 하던 동료는 자정이 되자 갑자기 작동을 실패하는 프로그램을 보고 꿈을 꾸고 있다고 생각하게 될 것이다.

더 좋은 것은, 많은 프로젝트들이 자동으로 코드를 컴파일하고 모든 테스트를 진행하는 야간 빌드 작업을 수행한다는 것이다. 즉, 다음날 출근한 팀원은 야간에 실행된 테스트의 보고서를 받게 된다는 의미다.[8] 그러나 테스트를 수행하면 모든 항목이 잘 통과함을 알게 될 것이다.

이보다 더욱더 좋은 것은 빌드에 시간이 오래 걸리면(1시간 이상), 때로는 testGetPrice가 해피아워 시간 동안 또는 그 시간을 넘어서 실행되어, 어느 날 밤에 나타났다가 다음날 사라지는 유령 버그가 될 수도 있다.

❗ 주의하기! ···

테스트 세트가 통과와 실패를 무작위로 왔다 갔다 하는 것은 매우 나쁜 형태로 간주한다. 테스트의 변덕스러운 부분을 분리해서 통제하에 두어야 한다. 이는 프로그램 코드 자체를 변경하는 것을 의미할 수도 있다. Product.getPrice 예제는 이에 대한 좋은 예다. 특히 현재 시각을 메소드의 매개변수로 설정하여 테스트 가능성을 높이도록 설계를 개선할 수 있다.

---

[8] testGetPrice 메소드는 테스트 시 예상되는 가격이 현재 getPrice가 반환하는 값이 아니기 때문에 자정 무렵에 실패한다.

```java
public int getPrice(LocalDateTime now) {
  // 자정~새벽 1시 사이에 반값 할인 판매
  if (now.getHour() >= 0 && now.getHour() < 1) {
    return price / 2;
  }
  return price;
}
```

이렇게 하면 원하는 시간으로 설정된 LocalDateTime 객체를 생성할 수 있다.

```java
@Test
public void testGetPriceAtMidnight() {
  Product p = new Product(1000);

  // 2020년 1월 1일 00시 00분
  LocalDateTime midnight = LocalDateTime.of(
          2020, Month.JANUARY, 10, 00, 00);
  int price = p.getPrice(midnight);

  assertTrue(Integer.toString(price), price == 500);
}
```

I/O나 네트워크 연결과 같은 자체적인 생각을 가진 외부 의존성도 문제가 될 수 있다. 테스트 중에 프로그램 코드가 이를 사용한다면, 그 변동성이 결과에 영향을 미칠 수도 있다. 예를 들어, 판매 프로그램은 네트워크로 연결된 서버를 통해 각 제품의 가격이 최신인지 확인할 수 있다.

```java
public class Product {
  private int price;

  public void checkPrice(Server priceServer) {
    QueryResponse response = priceServer.getPrice(p);
    if (response.getPrice() != this.price) {
      System.out.println("Updating price.");
      this.price = response.getPrice();
    }
  }
  // 기타...
}
```

Product.checkPrice 메소드를 테스트하는 목적은 필요한 경우 가격이 올바르게 조정되는지 확인하는 것이지만, 가격 서버의 가용성은 테스트에서 원치 않는 요소가 된다. 예를 들어, 테스트 시점에 서버를 사용할 수 없다면 테스트는 실패할 것이다.

이 같은 경우, 이전 절에서 사용했던 mock 객체를 적용할 수 있다. 실제 판매 프로그램에서 Server 객체는 네트워크로 연결된 기계와의 연결을 나타내며, 매우 크고 복잡하다. 테스트를 진행하는 동안은 사용자가 지정한 고정된 응답을 제공하도록 프로그램된 mock 객체만 있으면 된다.

```
@Test
public void testCheckPrice() {
    Product p = new Product(1000);

    // priceServer는 비어 있고, '가짜' 서버이다.
    Server priceServer =MockFramework.createMock(Server.class);

    // priceServer에 아무때나 getPrice 메소드를 호출하더라도 900을 반환한다.
    MockFramework
        .when(priceServer.getPrice())
        .thenReturn(900);

    p.checkPrice(priceServer);
    assertEquals(product.getPrice(), 900);
}
```

다시 말하지만, 이것은 테스트의 변동적인 부분을 당신의 통제하에 두는 것이다.

11

디버깅

☑ 무능하게 조사하여 디버깅하는 방법

   – 엉뚱한 추측

   – 자신만의 이론을 선호

   – 체계적인 것을 거부

☑ 단서를 남기지 않는 코드를 작성하여 디버깅을 힘들게 하는 방법

☑ 잘못된 코드에 대해 적절한 수정을 하지 않는 방법

사전에 알아야 하는 것들

☑ 디버거 및 코드의 단계별 실행과 변수 검사와 같은 디버거의 기본 기능

챕터 소개

다 이길 수는 없다. 당신이 만든 모든 버그가 양심적인 동료의 시선을 피할 수 있는 것은 아니다. 이런 일이 발생하면 IDE로 당신을 다시 끌고 가서 강제로 디버깅을 하게 할 것이다.

하지만 슬퍼하지 말자. 다른 프로그래밍 영역과 마찬가지로, 디버깅도 여러 다른 방식으로 접근할 수 있다. 때로는 디버깅을 해야 할 수도 있지만 잘할 필요는 없다.

01 | 비체계적으로 수사하기

디버깅은 누군가가 버그를 작성했다는 것을 제외하면 탐정 업무와 이상할 정도로 유사하다. 정확한 상황을 아는 사람이 아무도 없으므로 언제, 어디서, 무슨 일이 일어났는지 정확히 조사하고 밝혀내야 한다.

하지만 당신 입장에서는 당연히 조사하지 않는 것이 좋을 것이다. 이 책에 나와 있는 조언을 따랐다면, 당신이 범인일 가능성이 높다. 그래도 최소한 조사에 참여하지 않으면 너무 많은 의혹이 제기될 것이다. 또, 범죄자가 자기 범죄를 조사할 기회가 얼마나 되겠나?

세계에서 가장 유명한 탐정인 셜록홈즈(Sherlock Holmes)는 자신의 이야기에 훌륭한 조언들을 남겼다. 논리적이고 체계적인 성격 덕분에, 그의 범죄 진압 지침은 버그 사냥에도 잘 적용된다. 하지만 당신은 셜록홈즈를 모방하지 않을 것이다. 그것은 너무 성공적인 전략이다. 대신에 다른 등장인물로부터 영감을 받아라. 스코틀랜드 들판에서 비틀거리며 때때로 갈팡질팡하고 화도 내는 위대한 탐정들에게서 말이다.

다시 말해, 셜록홈즈처럼 되지 말고 레스트레이드(Lestrade) 경감처럼 되어라.

👾 추측하라

나는 절대 추측하지 않네. 추측은 논리적 능력을 파괴하는 아주 나쁜 습관이네.

- The Sign of Four

실제 프로그램은 종종 수천 줄, 때로는 수백만 줄의 거대한 짐승과 같다. 이런 코드 더미에서 버그라는 바늘을 찾을 희망은 없다. 하지만 어딘가를 봐야는

하기에 추측하는 편이 나을지도 모른다.

고장난 기계를 렌치로 두드리는 것과 같은 일을 하라. 코드에서 무작위 스팟을 선택하여 어떤 일이 발생하는지 알아보자. print 구문을 넣어서 예상치 못한 트리거가 발생했는지 확인하고, 코드 몇 줄을 수정하여 문제가 해결되는지 확인해라.

운이 나쁘면 버그를 발견하게 될 것이다. 하지만 운이 좋으면 시간이 부족하여 print문으로 가득 찬 코드베이스와 코드를 성급하게 수정하는 일이 남게 된다.

🔔 주의하기! ··

수사의 첫 단계는 단서를 찾는 것이다. 이를 이용해서 추측의 일종인 가설을 만들어야 한다. 그러나 가설은 몇 가지 측면에서 단순한 추측과는 구별된다. 특히 가설은 다음과 같다.

1. 테스트할 수 있고 반증이 가능하다.
2. 허공에서 뽑아내는 것과 반대로 관찰에 근거한다.
3. 기존 지식에 부합해야 한다.
4. 많은 가정을 할 필요가 없어야 하며, 따라서 단순해지는 경향이 있다.

디버깅을 하는 프로그래머는 비록 시간여행을 할 수 있는 탐정일지라도 일반적인 탐정과 유사하게 행동한다. 오류를 일으킨 단계를 파악할 때까지 프로그램을 실행하고 오류를 발생시킴으로써 "범죄 현장"에서 일어난 일을 반복하여 재실행할 수 있다. 이런 의미에서 디버깅은 범죄 수사보다는 과학적 조사와 더 많이 닮았다.

당신은 과학자와 마찬가지로 원인(코드의 실수)과 효과(오류)를 연결하려고 한다. 반복적인 실행 후, 예를 들어 이름에 공백이 포함된 파일을 불러오거나, 성별 라디오 버튼 중 하나를 먼저 선택하지 않고 양식을 제출할 때만 오류가 발생하는 것처럼 보이게 할 수 있다.

당신이 그 오류를 안정적으로 재현할 수 있게 되면 다음 단계로 넘어갈 수 있다. 다음 단계에서는 문제의 원인을 정확하게 찾는다.

···

☠ 선입견

자료를 확보하기 전에 이론을 세우는 것은 큰 실수네. 어떤 이들은 진실로 이론을 만들어내지 않고 이론에 진실을 맞춰 나가기 시작하거든.

- A Scandal in Bohermia

당신은 모든 믿음을 가지고 자신감을 가져야 한다. 여러분의 코드에 자부심을 가져라. 믿음으로 자신을 더 강하게 확신할수록 더 진실될 것이다. 다른 사람이 자신의 신념에 반대하는 말을 하는 순간 개인적인 불쾌감을 느낄 때, 자신이 충분히 강력하다는 것을 알게 될 것이다.

이런 자세는 특히 디버깅하는 데 좋다. 오류가 발견되면 서둘러 결론을 내리고(특히 이국적이고 복잡한 결론), 그것을 자신의 소중한 이론으로 채택해야 한다. 그다음부터 자신의 이론을 확인하는 증거만을 찾기 시작해야 한다.

당신의 자아가 그것에 의존하는 것처럼 당신의 믿음을 지켜라. 새로운 사실이 이론을 지루해 보이게 하기 시작한다면, 사실을 더 잘 수용할 때까지 사실을 왜곡하고 재해석하도록 노력해라. 만약 당신이 자신의 이론을 완전히 배제하려 한다는 사실을 인지하면, 무시해 버려라.

❗ 주의하기!

수사 중에 자존심을 갖는 건 위험한 일이다.

사실, 셜록홈즈는 숨 막힐듯한 자기중심주의를 보여 주었지만, 그는 이론이 아닌 사건의 성공적인 해결을 위해 자신의 자아를 덧붙였다. 셜록홈즈의 생각은 수사하는 동안 수십 가지 이론을 통해 그것을 만들고, 알려진 사실들과 각각 비교하고, 현실과 모순되는 순간 폐기하는 등 무자비하게 작용했다.

당신도 모든 가설을 무자비하게 다뤄야 한다. 디버깅을 시작할 때, 부분적인 정보만 있으므로 가설은 잠정적일 것이다. 나중에 더 많은 정보를 수집할수록 초기 가설은 새로운 사실들과 부합하지 않을 수 있다. 이 시점에는 두 가지 선택지가 있다.

1. 가설을 조정하여 추가 사실(기존의 사실과 여전히 일치하는지 확인)을 설명한다.
2. 사실이 가설을 완전히 엇나간다면 폐기하고 새로운 가설을 세운다.

어느 쪽을 선택해도 부끄러워할 이유가 없다. 숙련된 프로그래머들조차 그들의 초기 이론이

훼손되지 않은 채 수사에서 살아남는 것을 거의 보지 못했다.

☠ 카오스

… 불가능한 것들을 배제했을 때 남아 있는 것이, 아무리 사실이 아닌 것 같아도 진실이라네.

— The Beryl Coronet

버그를 사냥할 때, 당신의 행동이 한 번의 실행 중에 오류를 발생시킬 수 있지만, 다른 동일한 실행 중에는 그 오류가 발생하지 않는 것처럼 보일 수도 있다.

무슨 일인가? 음, 분명히… 음… 버그가 돌아다닌다! 그들은 분명히 교활하다. 이 버그들은 당신이 자신을 찾고 있다는 것을 분명히 알고 있다. 그래서 그들은 당신을 피하려고 모듈에서 모듈로 당신의 프로그램을 뛰어다닌다.

만약 버그가 이동성이 있다고 믿는다면, 디버깅의 성격은 바뀐다. 질서정연하고 체계적인 조사에 작별을 고해야 한다. 대신에 열광적인 추격을 시작해야 한다. 문제를 찾기 위해 여기저기 뛰어다녀야 할 수도 있다. 당신은 어떤 패턴도 찾을 필요가 없다. 여러 측면에서 버그를 공격하기 위해 여러 곳에서 동시에 코드를 변경할 수도 있다.

❗ 주의하기!

겉으로 보기와는 달리 버그는 움직이지 않는다. 버그는 의식이 있는 생물이 아니다. 코드에서의 실수다. 줄거리의 구멍이 소설 여기저기를 움직여 다니는 것처럼 프로그램 주위를 이동하지 않는다. 즉, 체계적으로 오류의 원인을 찾을 수 있다는 뜻이다. 따라 할 수 있는 디버깅 팁과 전략은 무수히 많지만 이번 절에서는 가장 적절한 몇 가지를 소개한다.

먼저 버그를 숨길 가능성이 있는 잘 정의된 패턴을 알고 있어야 한다. 예를 들면 다음과 같다.

- 복잡한 코드는 간단한 코드보다 더 많은 버그를 발생시키는 경향이 있다(이는 이전 챕터에서 몇 차례 언급되었다).
- 변덕스러운 코드(자주 변경되는 코드)는 안정적인 코드보다 더 많은 버그가 있다.
- 최신 코드는 오래된 코드보다 버그가 더 많이 발생하는 경향이 있다. 오래된 코드는 더

많이 사용하고 테스트했기 때문이다.

이러한 패턴을 인식하면 오류의 원인을 찾을 때 프로그램의 특정 영역을 다른 영역보다 우선시해야 하는 이유를 알 수 있다.

또한 대상을 여러 조각으로 나누고, 각각을 개별적으로 다루는 것을 주장하는 고전적인 전략 "분할 정복"을 활용할 수 있다. 디버깅할 때 대상은 코드베이스이며 조각을 처리한다는 것은 잠재적인 오류의 발생 원인을 제거하는 것을 의미한다. 넓은 범위부터 시작해서 코드의 결함이 있는 줄로 범위가 좁혀질 때까지 프로그램을 덩어리로 나누어 일부를 반복적으로 제거할 수 있다.

예를 들어, 실행 중 특정 시점에 변수의 값이 올바르지 않은 것을 발견하면 다음과 같이 한다.

- 이 시점에 변수의 값이 가장 최신이기 때문에 의심스러운 코드의 마지막 경계가 된다.
- 변수의 초기화가 가장 빠른 경계가 된다.

이런 경계 사이에서 실행되는 모든 코드는 의심을 받는다. 그런 다음 중간 지점에서 값을 검사하여 해당 지점 이전(값이 여전히 올바른 경우) 또는 해당 지점 이후(값이 이미 잘못된 경우)에 실행된 모든 코드에 대한 조사를 멈춘다. 이에 따라 경계를 조정하고 나면 이제 약 절반 크기의 코드 영역이 남게 되고, 여기서 다른 중간 지점을 선택하고 이 프로세스를 반복한다.

마지막으로 디버깅하는 동안 여기저기서 약간의 코드를 수정하는 데 도움이 될 수 있다. 그렇게 하기로 선택했다면 여러 가지 방안이 있더라도 한 번에 한 가지만 변경해라. 이것은 모든 과학자가 당신에게 가르치는 교훈이다. 특정 효과의 원인을 찾는 실험을 수행하는 과학자는 독립변수(입력)를 변경하여 종속변수(관측된 출력)에 미치는 영향을 파악한다. 여러 입력을 한꺼번에 변경하고 효과를 관찰하면 어떤 입력이 진짜 원인인지 어떻게 알 수 있겠는가? 디버깅에도 동일한 원리가 적용된다.

02 | 디버깅 어렵게 하기

훌륭한 범죄자들은 자신의 발자취를 감추고 범죄를 탐지하기 어렵게 만든다. 위대한 사람들은 범죄가 저질러졌는지 판단하기 어렵게 만든다.

당신은 범죄자는 아니지만, 재능있는 범법자들로부터 한두 가지를 배울 수 있다. 그들에게서 영감을 얻어서 동료 프로그래머들이 버그를 추적하기를 어렵게 만들어라.

☠ 조용히 있어라

프로그램이 엉망인 경우에 마지막으로 해야 할 일은 사용자에게 프로그램에 오류가 있음을 인정하는 것이다. 그러나 만약 어떠한 경고나 설명도 없이 프로그램이 엉망이 되었다고 확신할 수만 있다면, 당신은 그것이 모두 사용자의 잘못이라고 납득시킬 수 있다.

생각해 보자. 프로그램이 스스로 문제를 설명할 수 있다면, 사용자는 프로그램에 문제가 있음을 알게 된다. 하지만 예상치 못한 이유로 세션 도중에 갑자기 죽어버리면, 무지한 사용자는 눈이 휘둥그레진 채, "내가 뭘 잘못했지?"라고 외치면서 앉아 있을 가능성이 크다. 비난이 미묘하게 이동한 것을 확인했나?

게다가 잘못된 프로그램의 터무니 없는 횡설수설하는 소리를 듣는 것이 무슨 소용이 있겠는가? 아무 의미도 없을 것 같지 않나?

❗ 주의하기! ···

프로그램이 작동이 안 되면, 일반적으로 잘못된 명령을 실행하고자 시도했음을 의미한다. 그렇다고 해서 컴퓨터가 갑자기 정신을 잃고, 보고한 것이 전혀 믿을 수 없다는 의미는 아니다.

실패에 대해서 정직하고 솔직해야 한다. 오류가 어떤 식으로든 프로그램을 잘못된 방향으로 가게 할 위험이 있다면 즉시 사용자에게 알려야 한다. 챕터 7에서도 설명했듯이[1], 이것은 사용자가 기술적인 지식이 없다고 가정하면서도 유용하고 유익한 메시지가 되어야 한다.

또한, 프로그램 작성자의 실패에 대한 정보도 제공해야 한다. 여기에는 다음의 내용이 포함될 수 있다.

- 스택 추적(stack trace)은 매우 유용하다.
  - 프로그램이 실패한 서브루틴(아마도 특정 명령으로 인함)은 버그 위치에 대한 힌트가 된다.
  - 실패한 시점에 실행된 일련의 서브루틴 호출은 실패한 이벤트를 재구성하는 데 도움이 될 수 있다.
- 자바 프로그램에서 Exception.getMessage()의 내용과 같이 생성된 오류 메시지
- 중요한 값
  - 프로그램 버전
  - 날짜와 시간
  - 실패 시점의 관련 변수 및 기타 객체

프로그래머가 나중에 볼 수 있도록 기술적 내용은 따로 보관해야 한다. 자세한 내용은 다음 항에서 확인하자.

☠ 기록을 남겨라

동료가 오류 데이터를 보고하는 프로그램을 고집한다면, 이 모든 디버깅 정보를 어떻게든 전달해야 한다. 문제는 어떻게 하느냐이다.

분명히, 당신은 일반적인 print문을 사용해야 한다. 무엇이 이보다 더 간단할 수 있겠는가? 중요한 이벤트를 보고해야 하는 시점에 코드에 추가하기만 하면 된다. 하지만 당신의 고약한 인생관에 맞는 print문을 사용하는 것은 다른 장점이 있다.

우선, print문을 사용하여 제공된 디버깅 정보는 항상 켜져 있다. 텍스트 기반

---

[1] "문제를 기억의 저편으로 보내버리기"절 참조

의 프로그램의 경우, 출력에 소음을 추가하여 사용자를 산만하게 하고 포기하게 만든다. 동료가 소음을 제거하려면 모든 코드를 살펴보고, 문제가 되는 print 문을 찾아서 제거해야 한다.

또는 프로그램이 GUI 기반인 경우에는 디버그 출력이 사용자에게 표시되지 않는다. 실제로 오류가 발생하면 아무도 출력을 볼 수 없다. 오류가 발생하면 출력을 가장 보고 싶어 할 프로그래머조차도 말이다. 하지만 일반적인 출력문은 어디에도 기록되지 않기 때문에, 귀중한 디버그 정보는 프로그래머에게 버그 소식이 전해지기 훨씬 전에 사라진다.

❗ **주의하기!** ···

아무도 자신의 코드 사본에 일시적으로 print문을 추가하는 것을 반대하지 않을 것이다. 자신의 저장소에서 얻는 것은 자신의 일이다. 그러나 프로그램의 정식 버전에 변경 사항을 최종적으로 적용한 후에는 "임시" print문은 반드시 지워져야 한다.

디버그 정보를 출력하는 또 다른 방법은 로깅이다. 오늘날 대부분의 프로그래밍 언어는 이를 위한 기본 제공 수단을 제공하며 프로그램의 운영 버전에 안전하게 넣을 수 있다. 예를 들어, 자바 클래스에서 로깅을 설정하는 간단한 방법은 다음과 같다.

```java
import java.util.logging.Logger;

public class Main {

    private final Logger log = Logger.getLogger(Main.class.getName());

    public void makeRequest(Network network) {
        log.info("Making request to remote server: " +
                                network.getServerName());

        if (network.getStatus() == NetStat.UNAVAILABLE) {
            log.warning("Network is unavailable.");
        }
        // 기타...
    }
}
```

이렇게 하면 Main 클래스가 로깅을 할 수 있게 된다. Logger 객체를 호출해서 로그 메시지를 기록할 수 있다. 메시지는 다음과 같이 출력된다.

Oct 21, 2015 4:26:35 PM Main makeRequest
INFO: Making request to remote server: ulysses
Oct 21, 2015 4:26:37 PM Main makeRequest
WARNING: Network is unavailable.

로그를 사용하면 print문보다 디버그 출력을 훨씬 효과적으로 제어할 수 있다. 핵심 기능은 로그 정보를 다양한 대상으로 전달하는 것이다. Java logger는 기본적으로 콘솔에 출력되지만, 메시지를 파일에 기록하도록 할 수도 있다.

```
public class Main {

    private static final Logger log = Logger.getLogger(Main.class.getName());

    private Handler fileHandler = null;

    public Main() {
        fileHandler = new FileHandler("log.txt");
        log.addHandler(fileHandler);
    }

    public void makeRequest() {
        // 이 메소드는 변경되지 않는다...
```

또 다른 기능은 로그 레벨이다. 이를 통해 각 로그 메시지에 심각도를 지정할 수 있다. 그런 다음 프로그램에 특정 심각도 이상의 메시지만 출력하거나, 다른 심각도의 메시지를 다른 로그 파일로 보내도록 지시할 수도 있다. 심각도의 레벨을 오름차순으로 정렬하면 다음과 같다.

- Debug/Trace: 디버깅 중 발생한 내용을 주의 깊게 추적하려는 경우 유용한 메시지(예: 객체 값 출력 또는 메소드의 시작을 나타내는 메시지)
- Info: 주목할 만한 이벤트를 설명하는 메시지(예: 시스템에 신규 추가된 고객, 네트워크로 수신된 요청 정보)
- Warn: 프로그램 실행을 방해하지는 않지만 문제를 유발할 수 있는 예기치 않은 이벤트(예: 적은 메모리, 로그온 실패)
- Error: 프로그램이 제대로 동작하지 않는 경우를 설명하는 메시지(예: 데이터베이스에 레코드 업데이트가 실패한 경우)
- Fatal: 응용 프로그램 실패의 원인이 되는 이벤트(예: 메모리 부족)

03 | 제대로 된 수정 피하기

디버깅의 목적은 궁극적으로 버그를 찾아 고치는 것이다. 하지만 이를 끝낼 수 있는 방법은 여러 가지가 있다.

💀 재현이 안 되는 에러

실행 중인 소프트웨어는 혼란스럽고 복잡한 작업으로, 수백만의 비트가 초당 수십억 번 튀어나오는 것이다. 프로그램이 제대로 작동한다는 것은 놀라운 일이다. 그렇다면 왜 누군가가 그 혼란 속에서 때때로 재현이 안 되는 버그가 생긴다는 사실에 놀랄까? 대부분의 숙련된 소프트웨어 개발자는 내 말이 무슨 뜻인지 알 것이다.

이야기는 보통 다음과 같다. 어느 날, 프로그램을 실행하는 동안 이상한 오류가 발생한다. 버그를 재현하고, 프로그램을 다시 한번 실행하고, 같은 단계를 다시 수행하려고 노력하지만, 두 번째에는 모든 것이 잘 작동한다. 몇 번을 더 실행한 후에도 오류가 다시 나타나지 않는다.

다른 프로그래머라면 이런 일을 걱정할 수도 있겠지만, 당신은 그렇지 않다. 소프트웨어가 얼마나 복잡한지를 보면 이와 같은 무작위적인 문제가 때때로 발생한다는 것을 당신은 알고 있을 것이다. 어쨌든 버그 발생의 책임은 즉시 사라졌으므로 걱정할 필요가 없다.

❗ 주의하기!

지루하게 해서 미안하지만, 당신의 프로그램에 오류가 발생했고, 그 후로 코드가 변경된 적이 없다면 버그는 분명 여전히 그곳에 있다. 지금까지 문제를 재현할 수 없었겠지만, 그것은 단지 문제를 유발하는 정확한 조건을 확인하지 못했음을 의미할 뿐이다.

버그가 아주 약간의 문제만 일으켰을 뿐이라면 그것을 고치는 것은 긴급한 문제는 아니다(그것은 다른 문제다). 하지만 버그가 더 이상 존재하지 않는다고 말할 수는 없다. 최소한 오류를 프로젝트의 버그 데이터베이스에 기록해야 한다.

물론 당신도 하나쯤 가지고 있겠지?

....

☠ 덮어 두기

불행히도, 상황이 버그에 대한 수정이 필요한 지경에 이를 수도 있다. 그러나 반드시 무엇인가를 주고 수리할 필요는 없다. 당신은 조사를 방해하고 디버그하기 어려운 코드를 작성하는 등 디버깅하려는 노력을 포기하게 만들기 위해 지금까지 최선을 다했을지도 모른다. 하지만 여전히 버그를 유지하는 데 도움이 되는 또 다른 방법을 가지고 있다. 그것은 마치 당신이 무언가를 고친 것처럼 보이게 한다. 우리는 의학적 전문성을 가지고 있는 데 대해 감사해야 한다.

일부 의사는 질병을 치료하기 위해 노력한다. 어떤 사람들은 근본적인 문제에 손대지 않고, 그저 증상을 치료하는 것에 만족한다. 버그의 수정을 이와 비슷하게 본다면, 우리는 후자의 의료진들로부터 배워야 한다. 예를 들어, 학생의 점수로부터 등급을 계산하는 다음 예제 코드를 보자.

```
// 등급은 A부터 F까지를 포함
String grade = calculateGrade(student.getTestScore());
System.out.println(grade);
```

위의 코드는 문제를 가지고 있다. grade 변수는 때때로 값이 null로 끝난다. 그런 일은 절대 있어서는 안 된다. 문제를 해결하는 일은 당신에게 달려 있다. 최소한의 노력만으로 점수 목록을 보고 calculateGrade가 null을 반환하는 이유를 찾아내라.

점수	45	67	68	81	40	73
등급	E	C	C	A	null	B

당신이 식별할 수 있는 유일한 문제는 40의 점수가 "F" 등급을 반환해야 하지만 null을 반환한다는 것이다. 따라서, calculateGrade 서브루틴은 근본적인 문제를 가지고 있는 것으로 보인다. 이것의 증상은 점수가 40이 될 때마다 호출된 코드가 잘못된 값을 출력한다는 것이다. 이제 선택해야 한다. 증상만 고칠 것인가 아니면 근본적인 문제를 해결할 것인가?

근본적인 문제를 해결하는 데에는 많은 작업이 수반된다. calculateGrade 루틴에 들어가서 코드를 분석하고, 버그를 설명하는 가설을 세우고, 그 가설을 테스트하는 방법을 고안하고, 버그가 수정되었는지 확인하기 위해 새로운 테스트를 작성해야 한다.

반면에, 증상을 고치는 것은 비교적 쉽다.

```
// 등급은 A부터 F 까지를 포함
String grade;
if (student.getTestScore() == 40) {
    grade = "F";
}
else {
    grade = calculateGrade(student.getTestScore());
}
System.out.println(grade);
```

프로그램을 다시 실행하면 이제 테스트 데이터의 모든 점수는 올바른 등급을 제공한다. 증상만 치료하는 다른 치료법처럼 그 문제는 표면적으로 해결된다.

"쉽고", "피상적인"과 같은 단어가 매우 매력적이라면, 증상에 기반한 치유 방법을 우선시해야 한다.

증상을 고치는 것이 나쁜 것은 아니다. 때로는 유일한 선택이기도 하다. 예를 들어, 소스 코드가 없는 외부 라이브러리를 사용하는 경우도 있다. 하지만 근본적인 문제를 해결하려고 노력조차 하지 않는 것은 잘못된 습관이다.

증상에 초점을 맞춘다는 것은 근본적인 문제가 남아 있음을 의미한다. 앞의 예제에서는 문제가 있는 서브루틴에 대한 하나의 호출을 수정했지만, 서브루틴에 대한 다른 호출이 나중에 추가되면 어떻게 될까? 당연히 버그가 다시 나타날 것이다.

또한, calculateGrade를 살펴보지 않으면 문제를 정확히 이해할 수 없다. 앞의 예에서 우연히 관찰된 사실 중 하나와 일치하는 하나의 가설이 세워졌으나, 그 후 더 이상 조사하지 않았다. 해당 서브루틴을 조사했다면 다음과 같이 문제를 보다 자세히 보았을 수 있다.

```
public String calculateGrade(int score) {
    String grade = null;

    if (score > 80) { grade = "A"; }
    else if (score > 70) { grade = "B"; }
    else if (score > 60) { grade = "C"; }
    else if (score > 50) { grade = "D"; }
    else if (score > 40) { grade = "E"; }
    else if (score < 40) { grade = "E"; }

    return grade;
}
```

if문의 어떤 조항도 40점을 설명하지 않으므로 이 경우 calculateGrade는 null을 반환한다.

그러나 이 코드에는 또 다른 오류도 있다. if문의 마지막 조항은 "F" 대신 "E" 등급을 반환한다. 기존의 테스트 데이터는 40 이하의 값이 포함되어 있지 않기 때문에 이 버그는 노출되지 않았다. 따라서 증상을 고칠 때 이를 고려하지 않았다. 코드를 올바르게 분석했다면 마지막 조항을 다음과 같이 변경하여 버그를 해결했을 것이다.

```
else if (score <= 40) { grade = "F"; }
```

∙∙

동료들 뒷목 잡게 만드는
나쁜 프로그래밍 습관

1판 1쇄 발행 2020년 03월 20일

저   자 | 칼 비처
역   자 | 황현우
발 행 인 | 김길수
발 행 처 | ㈜영진닷컴
주   소 | (우)08505 서울 금천구 가산디지털2로 123
　　　　　　 월드메르디앙벤처센터 2차 10층 1016호
등   록 | 2007. 4. 27. 제16-4189

©2020. ㈜영진닷컴

ISBN | 978-89-314-6195-4

YoungJin.com **Y.**
영진닷컴